Lace STRICKEN

ANDREA JURGRAU

HAUCHZARTE TÜCHER & SCHALS

Weltbild

Inhalt

Vorwort   4

Kapitel 1
Material   6

Kapitel 2
Techniken   12

Kapitel 3
Die hohe Kunst der Maschenprobe   28

    Breakneck Ridge
    Schals Storm King   32

Kapitel 4
Projekte 1
Wanderungen, Trekkingtouren und einfache Klettersteige   36

    Costa Rica
    Handstulpen Corcovado   38

    Kathmandu
    Schal Gebetsfahnen   42

    Der Inka-Trail
    Beanie Machu Picchu   48

    Von Chamonix nach Zermatt
    Kragenschal Alpingarten   52

    Mont Blanc
    Lace-Socken Chamonix   56

    Mont Blanc
    Mütze Chamonix   60

    Mount Kosciuszko
    Schultertuch Charlotte Pass   64

Kapitel 5

Projekte 2
Die Seven Summits   68

Australien/Ozeanien: Puncak Jaya
Tuch Ozeania   70

Antarktika: Vinson-Massiv
Umhang Diamantstaub   78

Europa: Elbrus
Tuch Persischer Sonnenaufgang   86

Afrika: Kilimandscharo
Tuch Usambaraveilchen   92

Nordamerika: Mount McKinley (Denali)
Stola Denali   100

Südamerika: Aconcagua
Tuch Indiecita   106

Asien: Mount Everest (Chomolungma)
Tuch Jomo Miyo Lang Sangma   114

Kapitel 6

Der achte Gipfel:
Die Geometrie eines Dreiecks   120

Ein ungleichseitiges Dreieck
Tuch Franconia Traverse   124

Ein gleichseitiges Dreieck
Tuch Pacific Crest   130

Hersteller und Bezugsquellen   138

Register   142

© iStockphoto.com/mmac72

Vorwort

Die Kunde von den „Seven Summits", den sieben Top-Gipfeln, kennt jeder Bergsteiger. In seinem Buch dieses Titels aus dem Jahr 1988 bezeichnet Richard (Dick) Bass die jeweils höchsten Berge aller sieben Kontinente so. Diese Auflistung ist freilich sowohl nationalistisch als auch politisch keineswegs unumstritten. Ich betrachte mich selbst als Sessel-Bergsteiger. Ich liebe das Wandern und Bergsteigen, aber nur bei schönem Wetter. Eine Tour an einem sonnigen Tag ist genau mein Ding. Man kann mir einen schweren Rucksack auf die Schultern packen und mich mit ein wenig Sonnenschein auf einen Berg mittlerer Höhe schleifen. Ein wenig Regen, und mir vergeht das Lächeln. Wenn dann noch Schnee, Eis und eine gewisse Höhe dazukommen ... hm, dann treffe ich Sie an der Bar, wenn Sie zurück sind, und lausche den Berichten von all Ihren spannenden Erlebnissen.

Das Bezwingen eines Berggipfels beginnt immer mit ein paar einfachen Schritten – und genauso ist es auch beim Stricken. Rechte und linke Maschen und Umschläge vereinigen sich zu schlichten und doch eleganten Lacemustern, und wer nach größeren Herausforderungen strebt, kann daraus auch spektakuläre Modelle zaubern.

Deshalb sehe ich dieses Buch als einen Führer zu den Seven Summits des Strickens. Hier geht es also um den Gipfelsturm für abenteuerlustige Lacestrickerinnen, die Spaß an einfachen Modellen haben, aber durchaus Größeres ins Auge fassen.

Diese Sammlung enthält sieben anspruchsvolle Modelle, die jeweils von einem der Hauptgipfel inspiriert wurden. Dazu kommen ein paar etwas weniger komplizierte Projekte als Hommage an die umstrittenen Gipfel, einige Trainingstouren für die großen Expeditionen – und schon haben wir eine Bergtour rund um die Welt für Lacestrickerinnen. Ich stelle das Garn und Sie die Seile. Wir sehen uns in Kathmandu! Alle Angaben zur Höhe der Berge waren aktuell, als ich diese Modelle entworfen habe, aber Gletscher schmelzen ab oder wandern, und bisweilen bebt die Erde. Die Welt verändert sich ständig, deshalb sind diese Angaben nur als Näherungswerte zu betrachten.

Kapitel 1

Material

Für mich ist Stricken ein Prozess. Es geht ebenso sehr ums Schaffen wie um das fertige Produkt. Vor diesem Hintergrund dreht sich die Auswahl des Materials nicht nur um das Endergebnis, sondern auch um das Vergnügen beim Stricken selbst. Achten Sie bei der Entscheidung für ein Garn deshalb darauf, ob es für Ihr Wunschmodell geeignet ist, aber auch darauf, dass Sie gern damit arbeiten. Wählen Sie Garn und Perlen für jedes Projekt sorgfältig aus, dann ist Strickspaß vom Maschenanschlag bis zum Abketten garantiert.

© iStockphoto.com/earleliason

Garn

Der Handel hält zahllose Garne bereit, die sich ausgezeichnet zum Lacestricken eignen. Viele davon stammen von kleinen Herstellerfirmen und von unabhängigen Färbereien – eine Liste der Hersteller, deren Garne für die Modelle in diesem Buch verwendet wurden, finden Sie auf Seite 138. Mir macht es Freude, so oft wie möglich außergewöhnliche Garne zu verwenden. Beim Lacestricken geht es darum, die richtige Kombination von Garn und Muster herauszufinden. Das passende Garn für ein Laceprojekt auszuwählen macht einen Großteil des Vergnügens aus. Lacegarne gibt es in einem breiten Spektrum an Farben, Färbe- und Spinnverfahren, Stärken und Materialzusammensetzungen. Bei Ihrer Garnwahl sollten Sie all diese Faktoren berücksichtigen, denn jeder davon beeinflusst den Strickprozess und das Ergebnis.

Das Schöne am Stricken von Accessoires in Lacetechnik besteht darin, dass sich die Garne relativ leicht austauschen lassen. Die meisten Garne ähnlicher Stärke und Zusammensetzung verhalten sich so wie das gezeigte Originalgarn. Natürlich empfiehlt es sich immer, eine großzügige Maschenprobe zu stricken und zu spannen, um sicherzugehen, dass das gewählte Garn gut zum Muster passt. Weil die meisten Projekte in diesem Buch weniger als 750 m Garn erfordern, können Sie mit Garnen und Farben nach Lust und Laune experimentieren, ohne allzu viel Zeit und Geld investieren zu müssen.

Farbe

Bei der Farbwahl sollten Sie den Strickvorgang und das fertige Projekt im Auge haben. Ich verwende immer Farben, mit denen ich gerne arbeite und die ich gerne trage. Im Allgemeinen erleichtern helle Farben das Erkennen der Maschen beim Stricken und bringen Lacemuster besonders gut zur Geltung. Aus unifarbenen Garnen gestrickt, wirken Lacemuster besser als aus Dégradé- oder selbstmusternden Garnen, die aber ebenfalls reizvolle Effekte erzielen können, wenn man sie bewusst einsetzt.

Meistens folge ich der Regel, dass bei komplizierten Strickmustern das Garn möglichst einfach sein sollte. Wenn jedoch die Ton- oder Farbwerte nah beieinanderliegen, so wie bei dem handgesponnenen Garn für das Tuch Indiecita (siehe Seite 106), können Garne mit Farbverlauf eine interessante Optik ergeben. Wenn die Farben innerhalb eines Garns sich in Schattierung oder Tonwert stark unterscheiden, dominiert jedoch oft das Garn in solchem Maß, dass das Lacemuster in den Hintergrund tritt.

Ton in Ton gefärbte Garne können gut aussehen, solange der Kontrast zwischen den Schattierungen nicht vom Muster ablenkt. Für die Version des Tuchs Indiecita aus Malabrigo Lace (siehe Seite 108) habe ich ein Garn mit deutlichen Farbunterschieden gewählt, wobei jedoch alle Farben im Tonwert ziemlich ähnlich sind. Weil das Lacemuster groß ist, wird es durch die Farbunterschiede im Garn nicht erdrückt.

Garne mit langen Farbrapporten – je länger der Rapport, desto besser – können auch sehr hübsch aussehen, doch stricken Sie unbedingt ein Probestück, um sicherzugehen, dass Ihnen der Effekt auch gefällt. Dégradé-Garne, bei denen der Verlauf von einer Farbe zur anderen sich durch den ganzen Knäuel zieht wie bei dem Garn für das Tuch Usambaraveilchen (siehe Seite 92), eignen sich ausgezeichnet fürs Lacestricken. Dasselbe gilt für Garne mit langen Farbrapporten wie dasjenige, das ich für den Gebetsfahnen-Schal auf Seite 42 verwendet habe.

Garnstärke

Denken Sie daran, dass „Lacestärke" ein ziemlich ungenauer Begriff ist, der ein breites Spektrum an Garnstärken umfasst. Der American Craft Yarn Council (CYC) bezeichnet jedes Garn mit einer Lauflänge von mehr als 480 m je 100-g-Knäuel („fingering weight") als Lacegarn. Zu dieser Kategorie zählen demnach Garne mit einer Lauflänge von 550 m/100 g ebenso wie solche mit einer Lauflänge von 1500 m/100 g bis hin zu Nähgarnstärke. Achten Sie beim Kauf eines Lacegarns deshalb auf die Lauflänge in Metern je 100 g. Wenn Sie noch nie zuvor mit sehr feinem Garn gestrickt haben, empfehle ich Ihnen, mit einem der stärkeren Garne dieser Kategorie zu beginnen und sich von dort aus zu den dünneren Garnen vorzuarbeiten. In der Tabelle unten finden Sie eine grobe Übersicht der Lauflängen für Lacegarne.

Typische Lauflängen für Lacegarne je 100 g	
Dick	ca. 550–730 m
Mittel	ca. 730–1000 m
Dünn	ca. 1000–1500 m
Extra fein („Cobweb")	>1500 m

Kleine Faserkunde

Lacegarne gibt es in vielen verschiedenen Faserzusammensetzungen. Beziehen Sie in die Garnwahl Ihre Vorlieben als Strickerin und mögliche Trägerin des fertigen Modells ein. Wenn Sie beispielsweise bei warmem Wetter stricken, könnte Ihnen ein Garn aus Leinen oder Baumwolle besser liegen, während Sie in den kalten Wintermonaten vielleicht lieber mit Garnen aus Merinowolle, Alpaka, Kaschmir oder Kidmohair stricken, die mollig warm auf Ihrem Schoß liegen, wenn die Temperatur fällt.

Als „Gedächtnis einer Faser" bezeichnet man deren Elastizität und Fähigkeit, nach dem Dehnen oder Spannen wieder in ihre ursprüngliche Form zurückzukehren. Im Allgemeinen ist Wolle besonders elastisch, während Baumwolle und Leinen praktisch kein „Gedächtnis" haben. Der Fall eines Gestricks hängt mit dem „Fasergedächtnis" zusammen. Fasern mit geringer Elastizität haben oft einen

besseren Fall. Zu den Fasern mit dem besten Fall gehören Baumwolle, Seide und Leinen. Seide wird oft mit Tierhaar wie Wolle kombiniert, um den Fall zu optimieren.

Wärme ist die Fähigkeit einer bestimmten Faser, Hitze zu speichern oder zu isolieren. Ein flauschiges Garn (das so gesponnen ist, dass es Luft einschließt) isoliert besser als ein fest gesponnenes Garn und wärmt dementsprechend besser. Merinowolle, Alpaka, Kaschmir und Kidmohair gelten als „warme" Fasern. Seide kann sowohl warm als auch kühl sein.

Kühle ist das Gegenteil von Wärme. Kühlere Fasern schließen keine Luft ein und speichern keine Hitze, deshalb isolieren sie schlechter. Baumwolle, Leinen und Seide gelten als „kühle" Fasern.

Flausch bringen manche Garne von Haus aus mit oder entwickeln ihn nach dem Spannen. Kidmohair, dessen Fasern besonders lang sind, hat einen reizvollen Flausch. Alpaka und Kaschmir wirken ebenfalls leicht flauschig, aber weit weniger als Kidmohair. Die Art, wie Fasern versponnen werden, wirkt sich auf den Flausch des fertigen Garns aus.

„Crispness" ist ein Begriff, der im angloamerikanischen Raum oft im Zusammenhang mit Garnen verwendet wird und sich auf die klare, frische Anmutung des Materials bezieht. Solche Garne bringen das Maschenbild ausgezeichnet zur Geltung und fühlen sich charakteristisch kühl an. Leinen ist das klassische Beispiel für diese Eigenschaft. Weichheit hängt mit dem Durchmesser der einzelnen Fasern zusammen. Sehr feine Fasern sind generell weicher als gröbere Fasern. Die feinsten (und weichsten) tierischen Fasern sind Quiviut (Unterwolle des Moschusochsen), Kaschmir, das Haar junger Alpakas und anderer Kameliden sowie sehr feine Wolle (v. a. Merino). Auch das Spinnverfahren kann die Weichheit eines bestimmten Garns beeinflussen.

Im Allgemeinen sollten Sie Naturfasern, bei denen durch Spannen die ganze Pracht von Lacemustern zum Vorschein kommt, synthetischen Fasern vorziehen, bei denen das normalerweise nicht möglich ist. Ich habe für die Modelle in diesem Buch nur Naturfasergarne verwendet, auf die sich dementsprechend auch die Anweisungen für das Spannen beziehen.

Garnkonstruktion

Die meisten Strickerinnen verschwenden – wenn überhaupt – kaum einen Gedanken drauf, wie ein Garn aufgebaut ist, wenn sie das Material für ein Projekt aussuchen. Doch die Art, wie ein Garn gesponnen ist, kann entscheidende Auswirkungen auf die Langlebigkeit des fertigen Modells haben. Eine Babydecke beispielsweise wird stark strapaziert und muss viele Waschgänge überstehen, wohingegen eine Brautstola kaum beansprucht wird. Ein Garn, das aus vielen Einzelfäden gezwirnt ist, hält mehr aus und zeigt weniger Gebrauchsspuren als ein einfädiges Garn. Fasern mit großer Stapellänge (= Länge der einzelnen Fasern) wie manche Wollarten, Seide und Kidmohair neigen weniger stark zu Pilling als solche mit geringer Stapellänge wie Baumwolle und Kaschmir. Außerdem bilden fester gesponnene Garne weniger dieser lästigen Faserknötchen als locker gesponnene.

Perlen

Im Allgemeinen verwende ich Perlen, um meinen Modellen einen Hauch von Eleganz zu verleihen. Doch ich setze sie sparsam ein und vermeide normalerweise starke Kontraste zwischen Garn und Perlen. Manchmal sieht man die Perlen auf den ersten Blick kaum. Doch wenn man sie einmal

entdeckt hat, erkennt man das gewisse Etwas, das sie zum Gesamtbild beitragen. Perlen machen ein Modell auch schwerer, sodass das Gestrick besser fällt. Selbstverständlich können Sie die Perlen auch weglassen, aber probieren Sie's doch erst einmal aus, bevor Sie entscheiden, dass das nichts für Sie ist.

Perlen gibt es in unzähligen Farben und Arten passend zu jedem Garn. Nehmen Sie Ihr Garn mit zum Perlenkauf, damit Sie auch wirklich die richtige Farbe finden. Und sparen Sie nicht an der Qualität! Hochwertige Perlen sind sowohl im Außenumfang als auch in der Lochgröße (die meist größer und leichter zu verarbeiten ist) gleichmäßiger als billige. Suchen Sie nach dauerhaft gefärbten und verspiegelten Perlen, denn Perlen, die nur gefärbt sind, können ausbleichen oder auf das Garn abfärben, wenn sie nass werden. Hände weg also von Billigware! Wenn Sie in puncto Farbechtheit unsicher sind, arbeiten Sie Perlen in Ihre Maschenprobe ein und waschen das Probestück anschließend. Ich arbeite gern mit Perlen aller Art, am liebsten aber mit japanischen Rocailles, die von gleichbleibender Qualität sind.

Die Perlengrößen, die bei den Modellanleitungen angegeben sind, beziehen sich auf das verwendete Originalgarn. Wenn Sie ein anderes Garn einsetzen, prüfen Sie, ob Sie auch Perlen anderer Größe brauchen. Im Allgemeinen passen Perlen der Größe 8/0 zu Lacegarnen höherer und mittlerer Stärke, während Perlen der Größe 10/0 (oder sogar 12/0) mit dünneren Lacegarnen harmonieren. Wenn Sie sich für eine andere Perlengröße entscheiden, müssen Sie auch die erforderliche Menge in Gramm anpassen: Von Perlen der Größe 6/0 wiegen weniger ein Gramm als von Perlen der Größe 8/0.

Auch die Form der Perlen variiert: Es gibt runde, würfelförmige, sechseckige und pyramidenförmige Perlen, die alle das Licht unterschiedlich reflektieren. Am besten stricken Sie immer ein paar in ein Probestück ein, um zu entscheiden, welche Sorte für Ihr Projekt am besten geeignet ist.

Strick- und Häkelnadeln

Mit welchem Werkzeug Sie arbeiten, entscheidet über Leichtigkeit und Erfolg beim Stricken. Der Fachhandel bietet viele verschiedene Arten von Nadeln an, und die meisten Strickerinnen haben ihre Lieblingsmodelle. Doch wenn es ums Lacestricken geht, empfehle ich Nadeln mit sich stark verjüngenden, spitzen Enden und Rundstricknadeln mit sehr glatten Verbindungsstellen und flexiblen, glatten Seilen.

Wenn Sie in Ihr Projekt Perlen einstricken wollen, brauchen Sie eine dünne Stahlhäkelnadel oder einen Perlendraht. Egal, womit Sie lieber arbeiten – die Häkelnadel oder der Draht muss dünn genug sein, um leicht durch die Perle zu passen, den Faden zu erfassen und durch die Perle zurückzugleiten. Wenn Häkelnadel oder Perlen in der Stärke nicht zum Faden passen, können sie das Garn beschädigen. Am besten probieren Sie deshalb die Häkelnadel mit Ihrem Garn und Ihren Perlen aus, um festzustellen, ob Sie die richtige Stärke gewählt haben. Denken Sie daran, dass die Häkelnadelstärken von Hersteller zu Hersteller variieren können, besonders bei ausländischen Fabrikaten. Häkelnadeln, deren Stärke in Millimetern angegeben wird, sind da meist verlässlicher. Ich habe herausgefunden, dass eine Stahlhäkelnadel der Stärke 0,6-0,75 mm gut mit Perlen der Größe 8/0 und mittelstarken Lacegarnen harmoniert.

Spanndrähte und Stecknadeln

Ich verwende für all meine Lacearbeiten Spanndrähte. Diese Drähte gibt es in Längen von 30 bis 150 cm in fester oder flexibler Ausführung. Ich gebe bei jedem Projekt an, mit welchen Drähten ich die Strickarbeit gespannt habe. Doch denken Sie daran, dass es immer mehrere Möglichkeiten gibt, ein Strickstück zu spannen.

Unter den vielen Arten von Spannstecknadeln bevorzuge ich die rostfreien, T-förmigen Stahlstecknadeln, die das Garn nicht mit Rostflecken verschandeln. Achten Sie darauf, Stecknadeln mit glatten Spitzen zu verwenden. Wenn die Nadeln älter werden, entstehen an den Spitzen manchmal Grate, die sich im Garn verfangen. Solche Stecknadeln sollten Sie ersetzen.

Spannunterlagen gibt es in verschiedenen Größen. Ich verwende meistens 60 cm große quadratische Platten, die sich miteinander verbinden lassen und eigentlich als Gymnastikmatten gedacht sind.

Kapitel 2

Techniken

Die folgenden Techniken sind für das Gelingen der Projekte in diesem Buch erforderlich. Ich beschreibe die Techniken, die ich selbst am liebsten anwende, aber selbstverständlich können erfahrene Strickerinnen entsprechend ihren eigenen Vorlieben arbeiten. Auf einen Berg führen immer mehrere Wege!

© iStockphoto.com/Kseniya Ragozina

Perlen einstricken

Diese Methode erlaubt das präzise Platzieren der Perle auf einer Masche und wurde für die meisten Projekte in diesem Buch angewandt. Es ist zwar einfacher, die Perle vor dem Abstricken auf die Masche zu setzen, doch das kann die Fadenspannung dieser Masche beeinträchtigen.
Die für die Perle vorgesehene Masche abstricken, wie in der Anleitung angegeben. Eine Perle auf den Schaft einer Häkelnadel nehmen, die soeben gestrickte Masche mit der Häkelnadel von der Stricknadel heben (Abb. 1). Die Perle auf die gerade gestrickte Masche gleiten lassen, die Masche auf die linke Nadel zurückheben, die Fadenspannung anpassen und die Masche auf die rechte Nadel heben (Abb. 2).

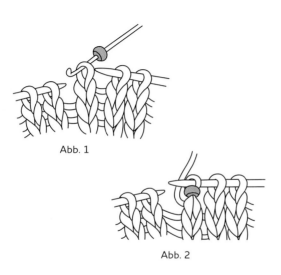

Abb. 1

Abb. 2

Strickschnur (I-Cord)

Mit einer Spielstricknadel die gewünschte Maschenzahl anschlagen. * Die Arbeit nicht wenden, sondern die Maschen ans andere Ende der Nadel schieben, den Faden über die Rückseite ziehen und die Maschen wie gewohnt rechts stricken; ab * bis zur gewünschten Länge stets wiederholen.

Stricken mit handgefärbten Garnen

Weil jeder Strang eines handgefärbten Garns einzigartig ist, besteht bei jedem Projekt, für das mehr als ein Knäuel oder Strang gebraucht wird, die Gefahr, dass beim Knäuelwechsel eine deutlich sichtbare Linie erscheint. Das ist kein Fehler im Garn, sondern liegt in der Natur handgefärbter Garne. Sie können diese Tatsache einfach akzeptieren und den Farbwechsel ins Projekt einbeziehen. Das funktioniert manchmal bei einem in Runden gestrickten Teil wie einem Quadrat oder Kreis. Auch bei einem von oben nach unten gestrickten Dreieck wie dem Projekt Mount Elbrus auf Seite 86 lässt sich das integrieren. Doch wenn Sie eine sichtbare Farbgrenze vermeiden wollen, können Sie über einige Reihen hinweg abwechselnd eine Reihe mit dem alten und eine mit dem neuen Knäuel stricken. Ich verfahre beim Knäuelwechsel über fünf bis zehn Reihen auf diese Weise (über mehr Reihen, wenn zwei Knäuel besonders unterschiedlich gefärbt sind). Sie können auch das ganze Projekt über reihenweise die Knäuel abwechseln, aber das sagt mir nie so recht zu.

Maschen abketten

Abketten in Drei-Nadel-Technik

Legen Sie die Maschen, die verbunden werden sollen, auf zwei separate Nadeln. Dann halten Sie die Nadeln so, dass die Strickteile rechts auf rechts aufeinander liegen und die Nadelspitzen nach rechts weisen. Stechen Sie eine dritte Nadel in die jeweils erste Masche beider Nadeln ein und stricken Sie beide Maschen zusammen, als wären sie eine Masche. * Die nächste Masche beider Nadeln genauso stricken. Die erste Masche über die zweite Masche ziehen. Ab * fortlaufend wiederholen, bis nur noch eine Masche auf der dritten Nadel übrig bleibt. Den Faden abschneiden und das Fadenende durch diese letzte Masche ziehen.

Damit Lacearbeiten sauber gespannt werden können, müssen sie unbedingt locker abgekettet werden. Die folgenden Methoden ergeben eine ausreichend lockere Kante. In den Modellanleitungen steht jeweils, in welcher Technik abgekettet werden soll.

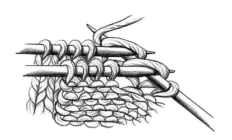

Gruppenweise abketten mit der Häkelnadel

Häkel-Grundtechniken siehe Seite 18.

Die Häkelnadel von rechts nach links in die angegebene Zahl an Maschen einstechen (Abb. 1: hier 3 Maschen), um sie zusammenzufassen, den Faden holen und durchziehen (Abb. 2), sodass eine Schlinge auf der Häkelnadel liegt; so viele Luftmaschen wie angegeben häkeln (Abb. 3: hier 8 Luftmaschen), * die Häkelnadel von rechts nach links in die nächste Maschengruppe einstechen (Abb. 4), den Faden holen und durch die Maschen und die Schlinge auf der Häkelnadel ziehen (Abb. 5), so viele Luftmaschen wie angegeben häkeln; ab * fortlaufend wiederholen.
Beim Arbeiten in Runden nach der letzten Luftmasche eine Kettmasche in die erste zusammengefasste Maschengruppe arbeiten, um die Runde zu schließen, dann den Faden bis auf ca. 20 cm abschneiden und das Fadenende durch die letzte Schlinge ziehen. Beim Arbeiten in Reihen zuletzt den Faden holen und durch die letzte Maschengruppe ziehen, dann den Faden bis auf ca. 20 cm abschneiden und das Fadenende durch die letzte Schlinge ziehen.

Elastisch abketten

Diese Methode ergibt eine saubere, elastische Kante, die während des Spannens gut gedehnt werden kann. Achten Sie darauf, locker zu arbeiten – zum Beispiel, indem Sie zum Abketten eine um einen halben oder ganzen Millimeter stärkere Stricknadel verwenden.
1 Masche abheben, 1 Masche rechts stricken, * die linke Nadelspitze unter dem vorderen Maschenglied dieser beiden Maschen einstechen und beide rechts verschränkt zusammenstricken (Abb. 1), die so entstandene Masche auf die linke Nadel heben; ab * fortlaufend wiederholen, bis alle Maschen abgekettet sind und nur noch eine Masche auf der rechten Nadel bleibt. Den Faden bis auf ein 15 cm langes Fadenende abschneiden; das Fadenende durch die letzte Masche holen und fest anziehen.

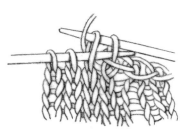

Abb. 1

Maschen anschlagen

Einige Modelle in diesem Buch werden von der Mitte nach außen gestrickt und erfordern daher einen runden Maschenanschlag.

Emily Ockers runder Maschenanschlag

Ich habe diese Methode aus Elizabeth Zimmermans „Knitter's Almanac" (Dover Publications, 1981) gelernt.
Einen einfachen Fadenring arbeiten und das kurze Fadenende hängen lassen. Mit einer Häkelnadel * eine Schlinge durch den Fadenring holen, dann den Faden holen und durch diese Schlinge ziehen. Ab * so oft wiederholen, bis die gewünschte Maschenzahl angeschlagen ist. Die Anschlagmaschen gleichmäßig auf vier Nadeln eines Nadelspiels verteilen.
Wenn einige Zentimeter im Muster gestrickt sind, am kurzen Fadenende ziehen, um den Fadenring zusammenzuziehen und die Öffnung in der Mitte zu schließen.

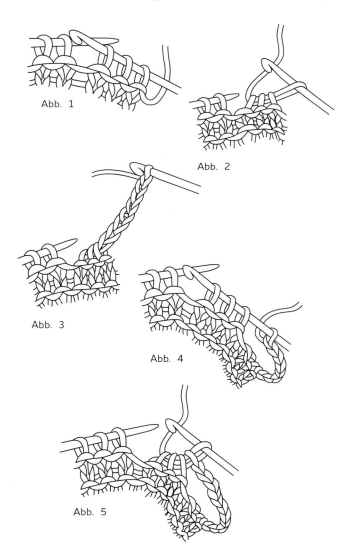

Abb. 1, Abb. 2, Abb. 3, Abb. 4, Abb. 5

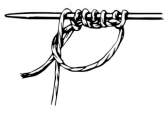

Marianne Kinzels runder Maschenanschlag

Diese Methode stammt aus Marianne Kinzels „First Book of Modern Lace Knitting" (Dover Publications, 1972). Sie eignet sich besonders gut für feine Garne.

Sie brauchen dazu ein Nadelspiel aus fünf Nadeln in der passenden Stärke für die angegebene Maschenprobe sowie eine Häkelnadel in möglichst ähnlicher Stärke. (Häkel-Grundtechniken siehe Seite 18.)

Mit der Häkelnadel so viele Luftmaschen arbeiten, wie angegeben (Abb. 1: hier 8 Luftmaschen), dann die Luftmaschenkette mit einer Kettmasche zum Ring schließen (Abb. 2). Nacheinander in die nächsten drei Luftmaschen einstechen und jeweils eine Fadenschlinge durchholen (= 4 Maschen auf der Häkelnadel) und die so entstandenen vier Maschen auf zwei Spielstricknadeln übertragen. Nacheinander in die nächsten vier Luftmaschen einstechen und jeweils eine Fadenschlinge durchholen (= 4 Maschen auf der Häkelnadel; Abb. 3) und diese Maschen auf zwei weitere Spielstricknadeln verteilen (Abb. 4).

Unsichtbarer provisorischer Maschenanschlag

Eine lockere Anfangsschlinge aus dem Arbeitsfaden auf die rechte Nadel legen. Ein Stück eines kontrastfarbenen Hilfsfadens (von etwa derselben Stärke wie der Arbeitsfaden) neben die Anfangsschlinge und um den linken Daumen legen. Den Arbeitsfaden über den linken Zeigefinger legen.
* Die rechte Nadel unter dem Hilfsfaden nach vorne holen, dann über den Arbeitsfaden legen, eine Schlinge des Arbeitsfadens erfassen (Abb. 1), dann die Nadel hinter den Arbeitsfaden führen und eine weitere Schlinge erfassen (Abb. 2). Ab * fortlaufend wiederholen, bis die gewünschte Maschenzahl angeschlagen ist. Nach Abschluss der Strickarbeit in der einen Richtung den Hilfsfaden vorsichtig aus der Anschlagkante lösen und die offenen Maschen auf eine Stricknadel auffassen.

Weil Lacemodelle gespannt werden müssen, damit ihre Schönheit zum Vorschein kommt, muss die Anschlagkante gut dehnbar sein. Hier einige Techniken für einen elastischen Maschenanschlag:

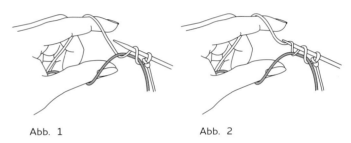

Abb. 1 · Abb. 2

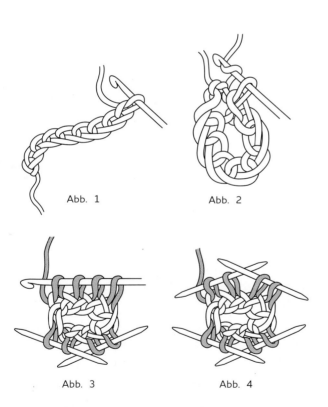

Abb. 1 · Abb. 2 · Abb. 3 · Abb. 4

Viele Teile in diesem Buch beginnen mit einem provisorischen Maschenanschlag, der eine elastische Kante ergibt und das nahtlose Aufnehmen neuer Maschen aus der Anschlagkante ermöglicht.

Maschenanschlag durch Aufstricken

Eine Anfangsschlinge aus dem Arbeitsfaden auf die linke Nadel legen. * Die rechte Nadelspitze wie zum Rechtsstricken in die Anfangsschlinge einstechen, den Faden wie zum Rechtsstricken um die Nadel legen und die Schlinge durchziehen (Abb. 1). Die Anfangsschlinge auf der linken Nadelspitze lassen und die neue Schlinge als neue Masche davor auf die linke Nadel legen (Abb. 2). Ab * fortlaufend wiederholen, dabei stets in die zuletzt angeschlagene Masche einstechen (nur für die erste Masche in die Anfangsschlinge einstechen).

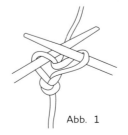 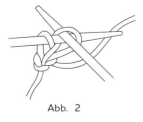

Abb. 1 · Abb. 2

Kreuzanschlag

Damit dieser Maschenanschlag wirklich elastisch genug wird, sollten Sie ihn auf zwei Nadeln der Stärke arbeiten, die Sie für die korrekte Maschenprobe brauchen.
Ein langes Fadenende hängen lassen (ca. 6 mm für jede Masche), dann eine Anfangsschlinge arbeiten und auf die rechte Nadel legen. Den Arbeitsfaden wie in Abb. 1 gezeigt über den Zeigefinger, das lange Fadenende um den Daumen der linken Hand legen. Beide Fäden mit den anderen Fingern festhalten. Die Hand aufrecht halten, sodass die Fäden ein V bilden (Abb. 1). * Die Nadel unter dem Daumenfaden einstechen (Abb. 2), den Faden vor dem Zeigefinger erfassen und durch die Daumenschlinge ziehen (Abb. 3). Die Schlinge vom Daumen gleiten lassen und den Daumen wieder unter das lange Fadenende führen, um erneut das Faden-V zu bilden; dabei die neue Masche auf der Nadel festziehen (Abb. 4).
Ab * fortlaufend wiederholen, bis die gewünschte Maschenzahl angeschlagen ist.

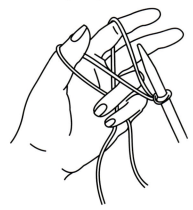

Abb. 1

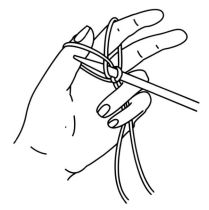

Abb. 3

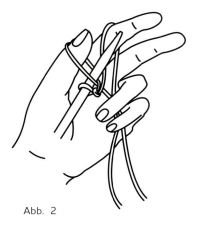

Abb. 2

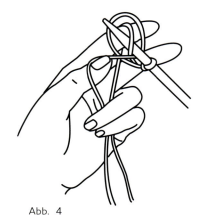

Abb. 4

Spannen

Das Spannen ist möglicherweise der entscheidende Schritt beim Arbeiten eines Laceprojekts. Nach dem Abketten sieht so manches Lacemodell aus wie ein alter Lappen. Nur durch das Spannen enthüllt es seine ganze Schönheit. Ich spanne meine Laceteile immer feucht: Dazu weiche ich sie für mindestens 30 Minuten (bei Seide auch länger) in kaltem Wasser ein, bis sich die Fasern ganz vollgesogen haben, und drücke das Strickteil einige Male ins Wasser, damit es gleichmäßig durchnässt ist. Wer mag, kann ein mildes Feinwaschmittel ins Wasser geben, muss das Strickteil dann aber sehr gründlich spülen, um das Waschmittel vollständig zu entfernen.

Das Wasser mit den Händen ausdrücken und das Strickteil in ein dickes Frottierhandtuch einrollen, um noch mehr Wasser daraus zu entfernen. Dann die Strickarbeit auf einer gepolsterten, flachen Unterlage ausbreiten und mit Spanndrähten und T-Stecknadeln spannen, wie in der Anleitung angegeben. Lassen Sie Ihr Modell an der Luft vollständig trocknen, bevor Sie Drähte und Nadeln entfernen. Im Allgemeinen vernähe ich die Fadenenden vor dem Spannen, schneide die überstehenden Enden aber erst nach dem Trocknen ab.

Es ist wichtig, sich vor Augen zu halten, dass ein Strickteil, das direkt von den Nadeln kommt, erheblich kleiner ist als nach dem Spannen. Außerdem sollten Sie bedenken, dass Ihr Modell gespannt am größten ist und sich im Gebrauch wieder etwas zusammenzieht.

Stricken nach Strickschrift

Keine Angst, wenn Sie noch nie nach Strickschrift gestrickt haben!

Strickschriften stellen das Gestrick sehr logisch dar. Jedes Symbol ist so gestaltet, dass es die jeweilige Masche abbildet, wie sie nach dem Stricken erscheint (von der rechten Seite der Arbeit aus gesehen). Beispielsweise wird eine nach rechts geneigte Abnahme in der Strickschrift durch ein nach rechts geneigtes Symbol dargestellt. Ein Umschlag, der ein Löchlein bildet, wird durch einen offenen Kreis symbolisiert. Strickschriften helfen Ihnen, Ihre Strickarbeit „lesen" zu lernen, und je besser Sie Ihre Strickarbeit verstehen, desto leichter kommen Sie mit Strickschriften zurecht. Mit etwas Erfahrung lernen Sie auch, Fehler zu erkennen und rasch zu beheben. Beginnen Sie mit den einfacheren Projekten und üben Sie, das Gestrick auf Ihren Nadeln mit der Strickschrift zu vergleichen. Auf Seite 19 finden Sie einige Grundregeln für das Arbeiten nach Strickschrift.

Um den Überblick innerhalb der Strickschrift zu behalten, empfiehlt es sich, die gerade gestrickte Reihe zu markieren. Strickschriften ohne Reihenrapport fotokopiere ich gerne und streiche mit einem Markierstift jede Reihe nach dem Stricken an. Dadurch weiß ich nicht nur, wo ich mich gerade befinde, sondern kann auch die Reihe, an der ich gerade stricke, mit den bereits gearbeiteten Reihen vergleichen. Wenn innerhalb der Strickschrift einige Reihen wiederholt werden müssen (= rot umrandet), funktioniert die Markiermethode nur beim ersten Rapport. In diesen Fällen fixiere ich temporär klebendes Markierband auf der gerade gestrickten Reihe und bewege diesen Klebestreifen beim Weiterstricken von Reihe zu Reihe nach oben. So kann ich später wieder mit der ersten Reihe beginnen.

Häkeln

Luftmasche (Lm)

* Den Faden holen und durch die Schlinge auf der Häkelnadel ziehen. Ab * fortlaufend wiederholen, bis die gewünschte Zahl an Luftmaschen angeschlagen ist.

Feste Masche (fM)

* Die Häkelnadel in die nächste Masche einstechen, den Faden holen und durch die Masche ziehen, den Faden noch einmal holen (Abb. 1) und durch beide Schlingen auf der Häkelnadel ziehen (Abb. 2). Ab * fortlaufend wiederholen.

Abb. 1   Abb. 2

Kettmasche (Km)

* Die Häkelnadel in die Masche einstechen, den Faden holen und durch die Masche und die Arbeitsschlinge auf der Häkelnadel ziehen.
Ab * fortlaufend wiederholen.

Grundregeln für das Stricken nach Strickschrift

- Gehen Sie die Zeichenerklärung durch, damit Sie sicher sein können, die Bedeutung jedes Symbols verstanden zu haben.
- Lesen Sie die Strickschriften von unten nach oben. Jede Zeile der Strickschrift symbolisiert eine Strickreihe oder -runde, jedes Kästchen eine Masche.
- Beim Stricken in Hin- und Rückreihen werden die nummerierten Hinreihen (Hinr) von rechts nach links, die Rückreihen (Rückr) von links nach rechts gelesen.
- Beim Stricken in Runden gelten alle Zeilen der Strickschrift für die rechte Seite der Arbeit – entsprechend den Hinreihen beim Stricken in Reihen – und werden dementsprechend von rechts nach links gelesen.
- Viele Strickschriften enthalten das Symbol „keine Masche": graue Kästchen anstelle bestimmter Maschensymbole. Diese Keine-Masche-Kästchen dienen als Platzhalter in der Strickschrift, damit Zu- und Abnahmen oder Umschläge in der Strickschrift an der richtigen Stelle erscheinen. Beim Stricken übergehen Sie diese Keine-Masche-Kästchen einfach und fahren mit der nächsten „echten" Masche der Strickschrift fort.
- Fette rote und blaue Konturlinien kennzeichnen Maschen und Reihen, die wiederholt werden, sogenannte Rapporte. Wenn Sie beispielsweise eine Hinreihe oder Runde stricken, arbeiten Sie von der rechten Kante der Strickschrift bis zur Rapportlinie, dann wiederholen Sie die Maschen innerhalb der Rapportkontur so oft wie nötig und enden mit den Maschen links von der Rapportlinie bis zur linken Kante der Strickschrift.

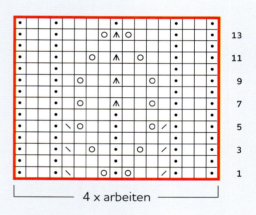

☐ 1 M re
· 1 M li
○ 1 U
╱ 2 M re zusstr
╲ 2 M re abgeh zusstr
⋀ 3 M re übz zusstr
▢ Musterrapport

Abnahmen

Zwei Maschen rechts zusammenstricken (2 M re zusstr)
Diese Abnahme neigt sich nach rechts; es wird eine Masche abgenommen.
Zwei Maschen rechts zusammenstricken, als wären sie eine einzige Masche.

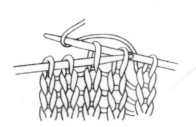

Zwei Maschen rechts abgehoben zusammenstricken (2 M re abgeh zusstr)
Diese Abnahme neigt sich nach links.
Zwei Maschen einzeln nacheinander wie zum Rechtsstricken abheben (Abb. 1), die linke Nadelspitze von links nach rechts in die beiden abgehobenen Maschen einstechen, dann die Maschen mit der rechten Nadel rechts verschränkt zusammenstricken (Abb. 2). Damit ist eine Masche abgenommen.

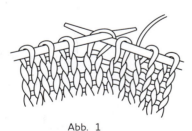

Abb. 1

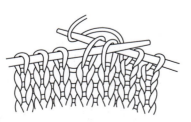

Abb. 2

Doppelte Abnahme mit aufliegender Mittelmasche (3 M re übz zusstr)
Diese Abnahme ist symmetrisch und hat eine vertikale Masche in der Mitte.
Zwei Maschen wie zum Rechtsstricken abheben (Abb. 1), die nächste Masche rechts stricken (Abb. 2) und die abgehobenen Maschen über die gestrickte Masche ziehen (Abb. 3). Damit sind zwei Maschen abgenommen.

Abb. 1

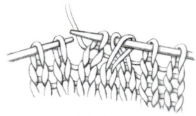

Abb. 2

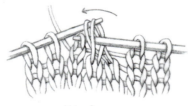

Abb. 3

Drei Maschen rechts zusammenstricken (3 M re zusstr)
Diese Abnahme neigt sich nach rechts.
Drei Maschen rechts zusammenstricken, als wären sie eine einzige Masche. Damit sind zwei Maschen abgenommen.

Drei Maschen links zusammenstricken (3 M li zusstr)
Drei Maschen links zusammenstricken, als wären sie eine einzige Masche.

Drei Maschen rechts abgehoben zusammenstricken (3 M re abgeh zusstr)

Diese Abnahme neigt sich nach links.
Drei Maschen einzeln nacheinander wie zum Rechtsstricken abheben, dann die linke Nadelspitze unter den vorderen Maschengliedern dieser drei Maschen einstechen und die Maschen rechts verschränkt zusammenstricken. Damit sind zwei Maschen abgenommen.

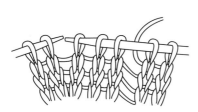

Abb. 1

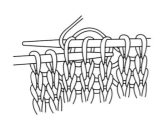

Abb. 2

Zunahmen

Umschlag:

Nach einer rechten und vor einer linken Masche

Der Faden liegt zunächst hinter der Arbeit. Den Faden zwischen den Nadeln nach vorne holen, über die rechte Nadel nach hinten und darunter wieder nach vorne legen, sodass die Nadel umwickelt wird. Dann kann die nächste Masche links gestrickt werden.

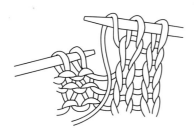

Nach einer linken und vor einer rechten Masche

Der Faden liegt zunächst vor der Arbeit. Den Faden über die rechte Nadel nach hinten legen und die nächste Masche rechts stricken.

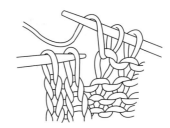

Zwischen zwei rechten Maschen

Der Faden liegt hinter der Arbeit. Den Faden zwischen den Nadeln nach vorne holen und über die rechte Nadel nach hinten legen. Die nächste Masche rechts stricken.

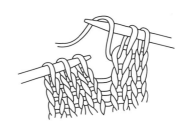

Zwischen zwei linken Maschen

Der Faden liegt vor der Arbeit. Den Faden über die rechte Nadel nach hinten und zwischen den Nadeln wieder nach vorne legen, sodass die Nadel umwickelt wird. Dann kann die nächste Masche links gestrickt werden.

Doppelter Umschlag

Den Faden zweimal um die Nadel wickeln, wie oben beschrieben. In der Rückreihe bzw. der nächsten Runde die so entstandenen Schlingen [1 M li, 1 M re] in Reihen bzw. [1 M re, 1 M li] in Runden abstricken.

Doppelte Umschläge am Rundenbeginn

Wenn beim Stricken in Runden zwei Umschläge am Rundenübergang aufeinandertreffen (einer vom Rundenbeginn, der andere vom Rundenende), müssen Sie entscheiden, ob Sie beide am Rundenbeginn oder am Rundenende stricken wollen. Sie müssen gemeinsam gestrickt werden, wenn Sie möchten, dass Ihr Netzmuster durchgängig weiterläuft. Ich stricke diese Umschläge am Rundenbeginn. Dazu am Rundenbeginn einen doppelten Umschlag arbeiten, wo die Strickschrift einen einzelnen Umschlag vorsieht, und am Rundenende den in der Strickschrift gezeichneten einzelnen Umschlag weglassen. In der nächsten Runde den Maschenmarkierer für den Rundenbeginn entfernen, den ersten Umschlag stricken, den Maschenmarkierer wieder einhängen und den zweiten Umschlag stricken. Der Rundenbeginn bleibt, wo er war, das Netzmuster läuft ununterbrochen weiter und sieht großartig aus!
Wenn Sie einen Umschlag am Rundenbeginn und den anderen am Rundenende arbeiten, haben Sie zwei Umschläge statt eines doppelten Umschlags, sodass das Netzmuster am Rundenbeginn unterbrochen wird.

Maschenzunahme aus dem Querfaden (1 M zun)

Bei dieser Zunahme entsteht ein kleineres Loch als bei einem Umschlag.
Die linke Nadel von vorne nach hinten unter dem Querfaden zwischen den Nadelspitzen einstechen und diesen Querfaden aufnehmen (Abb. 1), dann den aufgenommenen Faden rechts stricken, ohne ihn zu verdrehen. Damit haben Sie eine Masche zugenommen.

Maschen vervielfachen (\3/)

Man kann auf zweierlei Arten mehrere Maschen aus einer einzigen Masche herausstricken. In manchen Fällen strickt man abwechselnd so oft wie angegeben rechte und linke Maschen im Wechsel in dieselbe Masche. Sollen beispielsweise aus einer Masche drei Maschen werden, strickt man [1 M re, 1 M li, 1 M re] in dieselbe Masche. Bei vier Maschen arbeitet man [1 M re, 1 M li, 1 M re, 1 M li] in dieselbe Masche und so weiter. Manchmal werden gemäß Anleitung aber auch rechte Maschen und Umschläge im Wechsel in dieselbe Masche gearbeitet; dann endet die Folge immer mit einer rechten Masche. Lesen Sie die Zeichenerklärung zu Ihrem Wunschmodell, bevor Sie zu stricken beginnen: Dort steht, wie Sie im jeweiligen Fall verfahren sollen.

Ansetzen eines neuen Knäuels

Beim Lacestricken sollte man einen neuen Garnknäuel so unauffällig wie möglich ansetzen.

Russischer Fadenansatz („Russian join")

Diese Methode, Fäden zu verbinden, eignet sich für alle Garnarten und empfiehlt sich ganz besonders beim Farbwechsel.
Den alten Faden 10 cm lang in eine möglichst dünne Nadel einfädeln. Die Nadel 2–3 cm weit durch die verzwirnten Einzelfäden desselben Fadens zurückstechen, sodass eine Schlinge entsteht, dann das Fadenende hängen lassen. Das Ende des anderen Fadens in die Nadel einfädeln, die Nadel durch die Schlinge des alten Fadens führen und wie beim ersten Mal durch die Einzelfäden des neuen Fadens zurückstechen (Abb. 1). Die Schlingen mithilfe der Fadenenden festziehen (Abb. 2) und die Fadenenden abschneiden.

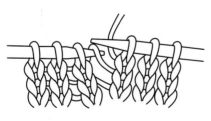

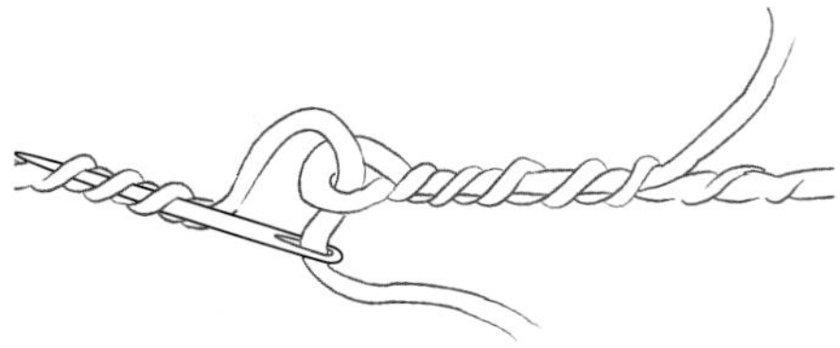

Abb. 1

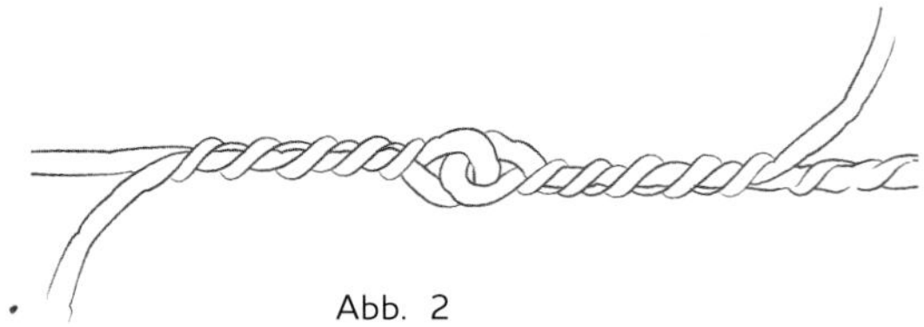

Abb. 1

Abb. 2

Fäden spleißen („spit splicing")

Diese Methode funktioniert nur bei Garnen, die sich verfilzen lassen, also zum Beispiel bei Wolle und Alpaka. Superwash-ausgerüstete Wollgarne, Baumwolle, Seide oder Leinen eignen sich nicht.
Die Fadenenden des alten und des neuen Knäuels auf einer Länge von etwa 5 cm aufdröseln (Abb. 1), die losen Fasern mit Spucke anfeuchten, übereinanderlegen (Abb. 2) und fest zwischen den Handflächen reiben (Abb. 3). Durch Feuchtigkeit und Reibung verfilzen die Fadenenden miteinander.

Maschen aufnehmen

Maschen rechts herausstricken

Von der rechten Seite der Arbeit von rechts nach links arbeiten wie folgt: * Die Nadel in die Mitte der Masche unter der Anschlagkante (oder der Abkettkante) einstechen (Abb. 1), den Faden um die Nadel legen und als neue Masche durchziehen (Abb. 2). Ab * fortlaufend wiederholen, bis die gewünschte Zahl an Maschen aufgenommen ist.

Abb. 1

Abb. 1

Abb. 2

Abb. 2

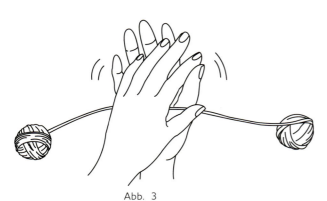

Abb. 3

Maschen links herausstricken

Von der linken Seite der Arbeit von rechts nach links arbeiten wie folgt: * die Nadel von hinten nach vorne unter der Randmasche einstechen (Abb. 1), den Faden um die Nadel legen und als neue Masche durchziehen (Abb. 2). Ab * fortlaufend wiederholen, bis die gewünschte Zahl an Maschen aufgenommen ist.

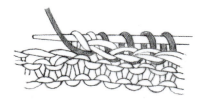

Abb. 1

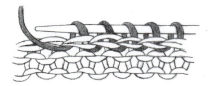

Abb. 2

Versetzter Rundenbeginn

Bei manchen Modellen, die in Runden gestrickt werden, muss der Maschenmarkierer für den Rundenübergang in bestimmten Runden nach links oder rechts versetzt werden. Das ist in den entsprechenden Strickschriften deutlich eingezeichnet. Wenn der Rundenbeginn nach links versetzt werden muss, einfach die entsprechenden Maschen gemäß Strickschrift nach dem Rundenende weiterstricken, dann den Maschenmarkierer wieder einsetzen und mit der ersten Masche der nächsten Runde wieder beginnen. Muss der Rundenbeginn nach rechts versetzt werden, einfach nach den angegebenen Maschen vor dem Rundenende zu stricken aufhören, den Maschenmarkierer an dieser Position neu einhängen und mit der ersten Masche der nächsten Runde beginnen.

Maschenmarkierer

Außer zum Kennzeichnen des Rundenbeginns beim Stricken in Runden verwende ich nur in ganz bestimmten Situationen Maschenmarkierer. Manche Designer plädieren dafür, am Ende jedes Musterrapports einen Maschenmarkierer zu setzen, aber ich finde es eher unpraktisch, wenn der Musterrapport doppelte Abnahmen erfordert oder der Rundenbeginn von einer Position zur anderen wechselt. Jeder Maschenmarkierer mehr muss dann wie der am Rundenbeginn versetzt werden. Wenn in der Anleitung beispielsweise steht, man solle den Maschenmarkierer am Rundenbeginn um eine Masche nach links versetzen, müssen auch alle anderen Markierer um eine Masche nach links versetzt werden.

Wenn ich Markierer verwende, nehme ich glatte, dünne Exemplare, die nicht in zarten Garnen hängenbleiben oder die Nachbarmaschen beeinträchtigen. Andernfalls können sogenannte „Leitern" im fertigen Strickteil erscheinen. Außerdem bevorzuge ich Markierer, die ein wenig herabhängen, damit sie nicht versehentlich durch Umschläge rutschen. Einige meiner Lieblingsmarkierer habe ich aus Baumwollhäkelgarn selbst gemacht: Schneiden Sie Baumwollgarn, das dünner ist als Ihr Strickgarn, in ca. 8 cm lange Stücke. Legen Sie jeden Faden mittig zusammen und verknoten Sie diesen doppelten Faden auf halber Länge mit einem einfachen Überhandknoten, sodass eine ca. 2 cm lange Schlinge mit 2 cm langen Fadenenden entsteht. Ich habe die Anleitungen entsprechend der Technik verfasst, die ich beim Rundstricken am liebsten anwende: Beim Stricken mit dem Nadelspiel markiere ich den Rundenbeginn ganz einfach mit dem langen Fadenende vom Maschenanschlag. Wenn Sie möchten, können Sie aber auch einen verschließbaren Maschenmarkierer zum Kennzeichnen des Rundenbeginns einsetzen. Allerdings hat das mehrere Nachteile: Erstens ist der Maschenmarkierer ständig im Weg, wenn Sie ein Laceprojekt in der Mitte beginnen; zweitens verfängt er sich gern im Garn, und drittens erfordert es unnötig Zeit, den Markierer beim Stricken immer wieder zu öffnen und zu versetzen. Wo Sie einen Maschenmarkierer einsetzen können, ist in der Anleitung angegeben.

Beim Stricken in Runden kann der Umgang mit Maschenmarkierern knifflig sein, wenn der Rundenbeginn wandert. Ich finde es einfacher, nur am Rundenbeginn einen Markierer einzusetzen. Wenn Sie zwischen den Musterrapporten ebenfalls Markierer einhängen wollen, empfehle ich Folgendes:

- Verwenden Sie einen Markierer anderer Farbe oder Art für den Rundenbeginn, denn dieser Markierer ist der wichtigste.
- Verfahren Sie mit jedem anderen Markierer genauso wie mit dem am Rundenbeginn, wenn dieser versetzt wird. Wenn ein doppelter Umschlag oder eine doppelte Abnahme auf den Markierer trifft, müssen Sie sich eine Masche vom nächsten Rapport „leihen" und deshalb den Markierer um eine Masche versetzen. Anschließend kehrt er wieder an seinen ursprünglichen Platz zurück

Maschenstich

Die eingefädelte Wollnadel wie zum Linksstricken in die erste Masche des vorderen Teils einstechen; die Masche auf der Stricknadel lassen (Abb. 1).
Die Wollnadel wie zum Rechtsstricken in die erste Masche des hinteren Teils einstechen; die Masche auf der Stricknadel lassen (Abb. 2).
* Die Wollnadel wie zum Rechtsstricken in die erste Masche des vorderen Teils einstechen und diese Masche von der Stricknadel gleiten lassen. Wie zum Linksstricken in die nächste Masche des vorderen Teils einstechen; die Masche auf der Wollnadel lassen (Abb. 3).
Die Wollnadel wie zum Linksstricken in die erste Masche des hinteren Teils einstechen und die Masche von der Stricknadel gleiten lassen. Die Wollnadel wie zum Rechtsstricken in die nächste Masche einstechen; diese Masche auf der Stricknadel lassen (Abb. 4).
Ab * fortlaufend wiederholen, bis keine Maschen mehr auf den Stricknadeln liegen.

Strickteile zusammennähen

Überwendlicher Stich

* Die eingefädelte Wollnadel von der rechten zur linken Seite durch die Kante des einen und von der linken zur rechten Seite durch die Kante des anderen Strickteils stechen. Ab * fortlaufend wiederholen und auf einen gleichmäßigen Abstand der Stiche achten.

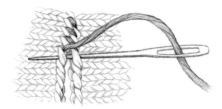

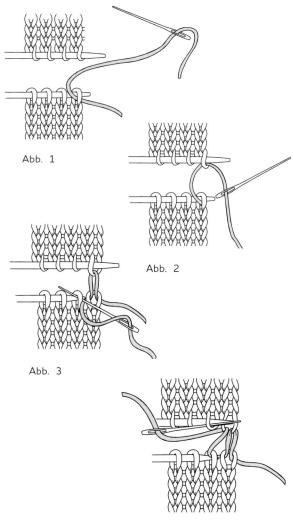

Abb. 1

Abb. 2

Abb. 3

Abb. 4

Strickmaschen

Zusätzlich zu rechten und linken Maschen werden bei vielen Projekten in diesem Buch folgende Maschenarten verwendet:

Rechts verschränkte Masche (1 M re verschr)

Die rechte Nadel von rechts nach links in die Masche auf der linken Nadel einstechen (Abb. 1), den Faden um die Nadel legen und durchziehen, dabei die alte Masche von der linken Nadel gleiten lassen (Abb. 2). Diese Masche entspricht der rechten Masche, wobei jedoch unter dem hinteren statt unter dem vorderen Maschenglied eingestochen wird.

Links verschränkte Masche (1 M li verschr)

Die rechte Nadel von hinten nach vorne unter dem hinteren Glied der Masche auf der linken Nadel einstechen (Abb. 1), den Faden um die Nadel legen und durchziehen, dabei die alte Masche von der linken Nadel gleiten lassen (Abb. 2). Diese Masche entspricht der linken Masche, wobei jedoch unter dem hinteren statt unter dem vorderen Maschenglied eingestochen wird.

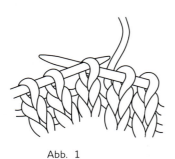

Abb. 1

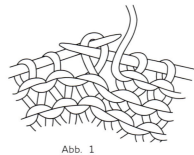

Abb. 1

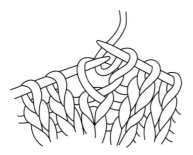

Abb. 2

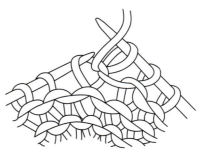

Abb. 2

Randmaschen

Viele Strickerinnen arbeiten gern Randmaschen, indem sie die erste Masche jeder Reihe abheben. Ich finde jedoch, dass abgehobene Randmaschen weniger elastisch sind als rechts (oder links) gestrickte und deshalb das Spannen eines Lacemodells behindern. Das Spannen ist für alle Projekte in diesem Buch entscheidend und sollte nicht durch zu feste Kanten beeinträchtigt werden.

Besondere Maschen

Flachnoppen

Diese Noppen, bisweilen auch als „Knospen" bezeichnet, arbeitet man von der rechten Seite der Arbeit wie folgt: Eine rechte Masche sehr locker in die entsprechende Masche stricken, jedoch die Masche auf der linken Nadel lassen. * Einen Umschlag arbeiten, dann die Masche noch einmal rechts stricken (Abb. 1); ab * so oft wiederholen, bis die angegebene Zahl von Schlingen auf der Nadel liegt (üblicherweise sieben oder neun), mit einer rechten Masche enden, um den letzten Umschlag zu sichern (Abb. 2 zeigt sieben Noppenschlingen). Beim Stricken in Reihen die sieben oder neun Noppenschlingen in der folgenden Rückreihe links zusammenstricken (Abb. 3: sieben Schlingen werden links zusammengestrickt). Beim Stricken in Runden die sieben oder neun Noppenschlingen in der nächsten Runde rechts verschränkt zusammenstricken.

Zwei Maschen verdrehen (2 M ldr)

Die rechte Nadelspitze zwischen die erste und die zweite Masche auf der linken Nadel führen und die zweite Masche wie gewohnt rechts stricken (Abb. 1). Dann die erste Masche rechts stricken (Abb. 2). Beide Maschen von der linken Nadel gleiten lassen.

Abb. 1

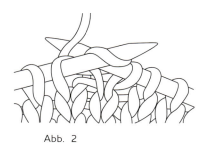

Abb. 2

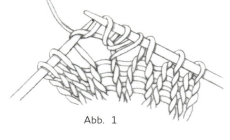

Abb. 1

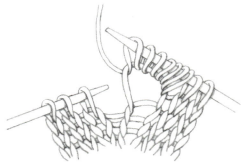

Abb. 2

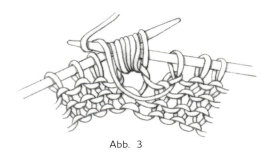

Abb. 3

Kapitel 3

Die hohe Kunst der Maschenprobe

Lacestrickerinnen verzichten gerne auf eine Maschenprobe, weil es bei den meisten Lace-Accessoires nicht auf die exakte Passform ankommt. In meinem Buch „New Vintage Lace" (Interweave, 2014) habe ich verschiedene Gründe aufgeführt, warum Lacestrickerinnen sich mit der Maschenprobe anfreunden sollten. Erstens müssen wir sehen, welche Maschenprobe sich für das gewählte Garn am besten eignet. Zweitens zeigt die Maschenprobe, wie das Garn mit dem Lacemuster harmoniert. Je lebhafter das Garn gefärbt ist, desto stärker kann es über das Lacemuster dominieren.

© iStockphoto.com/ilbusca

Nicht zuletzt ist die Maschenprobe wichtig, wenn man im Vorhinein wissen will, wie viele Meter Garn man brauchen wird. In der Anleitung zu jedem Projekt ist das Originalgarn angegeben, das mit einer bestimmten Maschenprobe verstrickt wird. Wenn Sie ein anderes Garn verwenden, sollten Sie daran denken, dass die Lauflänge von der des angegebenen Garns abweichen kann. Arbeiten Sie eine Maschenprobe in Hin- und Rückreihen, wenn Ihr Projekt so gestrickt werden soll. Wird es in Runden gestrickt, arbeiten Sie auch die Maschenprobe in Runden, denn die Ergebnisse können durchaus variieren.

Die Wahl der richtigen Rocailleperlen ist ebenso entscheidend wie die des Garns. Es gibt Perlen in unzähligen Farben und Arten, sodass die Möglichkeiten schier unbegrenzt sind. Wenn ich Perlen für ein Modell auswähle, ziehe ich neben der Größe auch Farbe, Form und Ausführung (z.B. irisierend oder mit Silbereinzug) in Betracht.

Perlengröße: Je höher die Zahl, desto kleiner die Perle (siehe Tabelle)! Es ist wichtig, eine Perlengröße zu wählen, die zu Ihrem Garn passt. Die Perlen sollten bequem auf das Garn gleiten und sich leicht mit der Häkelnadel platzieren lassen. Wenn sie zu kleine Löcher haben, gerät das Einstricken jeder einzelnen Perle zum Kampf, bei dem das Garn in Mitleidenschaft gezogen werden kann. Wenn die Perlen zu locker sitzen, verrutschen sie leicht. Zu große und schwere Perlen können das Gestrick verziehen und das Garn beschädigen. Für die meisten Lacegarne eignen sich Perlen der Größe 8/0 gut. Für dickere Lacegarne oder Material in Sockengarnstärke brauchen Sie möglicherweise Perlen der Größe 6/0. Bei hauchzarten Garnen nehmen Sie beispielsweise Perlen der Größe 11/0. Denken Sie daran, dass größere Perlen zugleich schwerer sind.

Perlenfarbe: Die perfekte Perlenfarbe für das jeweilige Garn auszuwählen gehört zu den schönsten Aufgaben bei der Vorbereitung für ein Strickprojekt. Ich suche zuerst das Garn aus und nehme es zum Perlenkauf mit. Dann habe ich auch eine Häkelnadel dabei und probiere die Perlen

Dieses Probestück zeigt Perlen der Größen 8/0 und 6/0 im selben Lacemuster. Es handelt sich um Miyuki-Perlen in Hellgelb Alabaster mit Silbereinzug.

len können aber auch selber als Designelemente dienen (wie beim mauvefarbenen Probestück und Schal C, ab Seite 33). Sie bringen ein Modell dezent zum Glitzern oder verleihen ihm etwas zusätzliches Gewicht und einen besseren Fall. Wenn Sie Perlen als Kontur oder Element innerhalb eines Lacemusters verwenden, sollten Sie entscheiden, ob Sie einen auffallenden oder zurückhaltenden Kontrast erzielen wollen. Ich setze meistens auf einen eher dezenten, unauffälligen Kontrast, denn ich finde, dass ein auffälliger Kontrast mehr die Perlen und weniger das Lacemuster in den Vordergrund stellt. Bei Elementen, die von den Perlen dominiert werden, ist ein deutlicher Kontrast völlig in Ordnung. Sollen die Perlen lediglich ein wenig Glitzern und Gewicht liefern, vermeiden Sie einen Farbkontrast besser, suchen aber glitzernde Perlen aus, also z.B. Rocailles mit Silbereinzug.

Perlenform und Oberflächenbehandlung: Perlen sind in verschiedenen Formen erhältlich: als runde oder facettierte Rocailles, mit sechseckigem (z.B. Charlottes), quadratischem oder dreieckigem Querschnitt. Runde Rocailles können ein rundes oder quadratisches Loch haben. Im Handel sind auch zylindrische Perlen (z.B. Delicas). Japanische Rocailles sind sowohl in Größe und Form als auch in der Lochgröße einheitlicher als andere Fabrikate. Ich verwende für meine Lacearbeiten entweder japanische oder tschechische Rocailles. Die japanischen Perlen sind meine Wahl für unterwegs, weil sie so gleichmäßig sind, aber die tschechischen Perlen sind manchmal in so einzigartigen Farben und Oberflächenbehandlungen erhältlich, dass ich dafür über ein paar Unregelmäßigkeiten hinwegsehe. Um die richtige Perlenform auszuwählen, probieren Sie die verschiedenen Möglichkeiten am besten auf Ihrem Garn aus. Kantige Perlen (Würfel, Pyramiden, Hexaeder oder facettierte Perlen) glitzern stärker als glatte Perlen. Zylinder sind sehr glatt und gleichmäßig und liefern deshalb eine „moderne", klare Optik. Auch die vielen verschiedenen Ausführungen beeinflussen Ihr fertiges Projekt stark: Eine Perle mit Silbereinzug glitzert und fällt auf, auch wenn die Farbe völlig mit der des Garns übereinstimmt, während eine matte Perle optisch verschwindet. Eine Aufstellung unterschiedlicher Oberflächenbehandlungsarten finden Sie auf Seite 138.

Perlengrößen (Rocailles)	
6/0	3,3 mm
8/0	2,5 mm
10/0	2 mm
11/0	1,8 mm
12/0	1,7 mm
15/0	1,3 mm

auf meinem Garn aus, bevor ich mich endgültig entscheide. Sprechen Sie mit dem Personal des Perlenladens, bevor Sie Röhrchen öffnen und Perlen auf Ihrem Garn ausprobieren, aber die Verkäuferinnen in meinem Fachgeschäft finden das sogar ganz amüsant. Mit Perlen lassen sich beim Lacestricken Motive umranden (so wie beim korallenroten Probestück rechts und Schal B, ab Seite 33) oder Elemente innerhalb eines Motivs hervorheben (z.B. ein Blattstiel wie beim gelben Probestück und Schal A, ab Seite 33). Die Per-

Diese drei Arbeitsproben zeigen unterschiedliche Lacemuster in drei verschiedenen Garnfarben, wobei jeweils Perlen der gleichen Art in verschiedenen Farben eingestrickt wurden, um die unterschiedlichen Effekte zu zeigen. Perlenbezeichnungen von oben nach unten (AB = „Aurora Borealis" = irisierend): Miyuki in Kobaltblau mit Silbereinzug; japanische Rocaille in Blaugrün AB mit Silbereinzug; Toho in Fuchsia mit violettem Einzug; Miyuki in Smoky Amethyst AB mit Silbereinzug; Miyuki in Salmon Alabaster mit Silbereinzug; Miyuki in Chartreuse matt transparent AB; runde Rocailles in Goldmetallic; Miyuki Picasso in Kanariengelb matt; Toho in Antikgold AB mit Metallic-Einzug; Miyuki in Hellgelb Alabaster mit Silbereinzug.

Diese Arbeitsprobe zeigt Perlen in vier unterschiedlichen Oberflächenbehandlungen im selben Lacemuster. Perlenbezeichnungen von links nach rechts: tschechische Rocailles in Root Beer mit Silbereinzug; japanische Rocailles in Root Beer mit Silbereinzug und quadratischem Loch; runde japanische Rocailles in Goldmetallic; Toho in Crystal (transparent) mit Olivgold-Einzug.

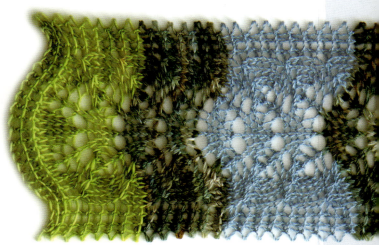

Diese Arbeitsprobe zeigt (von links nach rechts) ein Ton in Ton handgefärbtes Garn, ein meliertes handgefärbtes Garn und ein industriell gefärbtes unifarbenes Garn.

Breakneck Ridge

Schals Storm King

Auf den Breakneck Ridge im Hudson Highlands State Park im US-Staat New York führt ein 4,5 km langer Bergwanderweg. Er ist zwar nicht lang, aber man muss beide Hände und Füße einsetzen, um nicht abzustürzen. An manchen Stellen ist sogar etwas Kletterei gefragt, deshalb sollten Sie geeignete Wanderschuhe tragen. Die Aussicht lohnt die Mühe auf jeden Fall. Auf der gesamten Tour winken überwältigende Ausblicke, viele davon auf den Hudson River, aber auch zum Storm King Mountain. Steigen Sie früh am Morgen auf und genießen Sie ein Frühstückspicknick, während Sie die Falken beobachten, die über Ihnen kreisen. Setzen Sie sich und stricken Sie ein bisschen!

Diese Schals sind in Lacemustern gestrickt, die sich ständig wiederholen, um zu demonstrieren, welch unterschiedliche Effekte sich mit Perlen und einfachen Lacetechniken erzielen lassen. Zugleich machen Sie sich mit der Arbeit nach Strickschrift vertraut. Verwenden Sie ganz nach Belieben eine einzige Art von Perlen oder aber so viele verschiedene, wie Sie wollen, und nennen Sie das Ganze dann einen Perlensampler! Nach den Strickschriften für die Arbeitsproben mit Perlen können Sie Miniversionen dieser Schals stricken.

Größe
Modell A (gelb)
11 cm x 124,5 cm

Modell B (korallenrot)
11,5 cm x 124,5 cm

Modell C (mauve)
12,5 cm x 120,5 cm

Garn
Quince & Co. Piper (50 % Merinowolle, 50 % Kidmohair; LL 279 m/50 g) in Amarillo (Fb 606 = Modell A), Caracara (Fb 607 = Modell B) oder Odessa (Fb 608 = Modell C), 50 g je Schal
Hinweis: 1 Strang des angegebenen Garns (50 g) reicht für den Schal und eine Arbeitsprobe mit Perlen.

Perlen
Für Modell A: 20 g japanische Miyuki-Rocailles, Größe 8/0, in Hellgelb Alabaster mit Silbereinzug
Für Modell B: 20 g japanische Miyuki-Rocailles, Größe 8/0, in Lachs Alabaster mit Silbereinzug
Für Modell C: 20 g japanische Toho-Rocailles, Größe 8/0, in Fuchsia AB mit violettem Farbeinzug

Nadeln und Hilfsmittel
- Stricknadeln 3,5 mm
Verwenden Sie gegebenenfalls etwas dickere oder dünnere Nadeln, um die richtige Maschenprobe zu erzielen.
- Stahlhäkelnadel 0,6 mm (oder passende Größe für die Perlen)
- Wollnadel
- T-Stecknadeln, rostfrei
- Spannunterlage
- 2 lange und 2 kurze Spanndrähte

Maschenprobe
Ca. 24 M und 30 R glatt re = 10 cm x 10 cm (nach dem Spannen und Abnehmen).
Die Maschenprobe ist für diese Modelle nicht entscheidend, aber die Schalgröße und die erforderliche Garnmenge können bei einer abweichenden Maschenprobe differieren.

Hinweise

Ein Wort zum Abheben von Randmaschen: Lassen Sie's! Dieses Modell ist so entworfen, dass es frei gespannt werden kann, und abgehobene Randmaschen ergeben eine weniger elastische Kante.
Perlen: Siehe Techniken.
Die Angaben für die drei Modelle sind durch Schrägstriche voneinander getrennt (A/B/C). Steht nur eine Angabe, so gilt sie für alle drei Modelle.
In den Strickschriften sind alle Reihen gezeichnet. Gestrickt wird in Reihen: Alle Hinreihen (ungerade Reihennummern) von rechts nach links, alle Rückreihen (gerade Nummern) von links nach rechts lesen.
Vor dem Spannen wirken diese Schals wie Lumpen. Das hat etwas mit feinem Mohairgarn und Lacemustern zu tun. Wie bei allen Lacearbeiten sollten Sie diese Schals deshalb unbedingt spannen, um ihre volle Schönheit zur Geltung zu bringen.

Anleitung

31/31/25 M im Kreuzanschlag anschl (siehe Techniken).
Nach der Strickschrift für das gewählte Modell die 1.–16. R 1 x arb.
Anschließend die 7.–16. R noch 28 x wdh. Hinweis: Für einen längeren Schal wiederholen Sie die 7.–16. R entsprechend öfter.
1 x die 17.–22. R arb.
Abkettreihe: 2 M re, * die soeben gestrickten 2 M zurück auf die linke Nd heben, 2 M re verschr zusstr, 1 M re; ab * fortlfd wdh bis zu den letzten 2 M, 2 M re, diese 2 M zurück auf die linke Nd heben, 2 M re verschr zusstr. Den Faden bis auf ein 25 cm langes Ende abschneiden und das Fadenende durch die verbleibende M ziehen.

Fertigstellung

Alle Fadenenden vernähen, aber noch nicht abschneiden. Den Schal ca. 30 Minuten in kaltem Wasser einweichen, sodass er sich gut vollsaugt, dann herausnehmen, vorsichtig ausdrücken und in ein Handtuch einrollen, um weiteres Wasser zu entfernen.
Je einen langen Spanndraht durch die vertikalen Fäden der Kraus-M entlang der Längsseiten des Schals führen. Hinweis: Bei den Modellen B und C können Sie auch die Schmalseiten mit kurzen Spanndrähten spannen, bei Modell A ziehen Sie die durch das Muster entstandenen Zacken in Form und fixieren sie mit T-Stecknadeln.
Den Schal mithilfe der Spanndrähte und T-Nadeln auf 14/14/12,5 cm Breite und 132 cm Länge spannen und vollständig trocken lassen. Nach dem Abnehmen entspannt sich der Schal und wird wieder etwas kürzer. Die Fadenenden abschneiden.

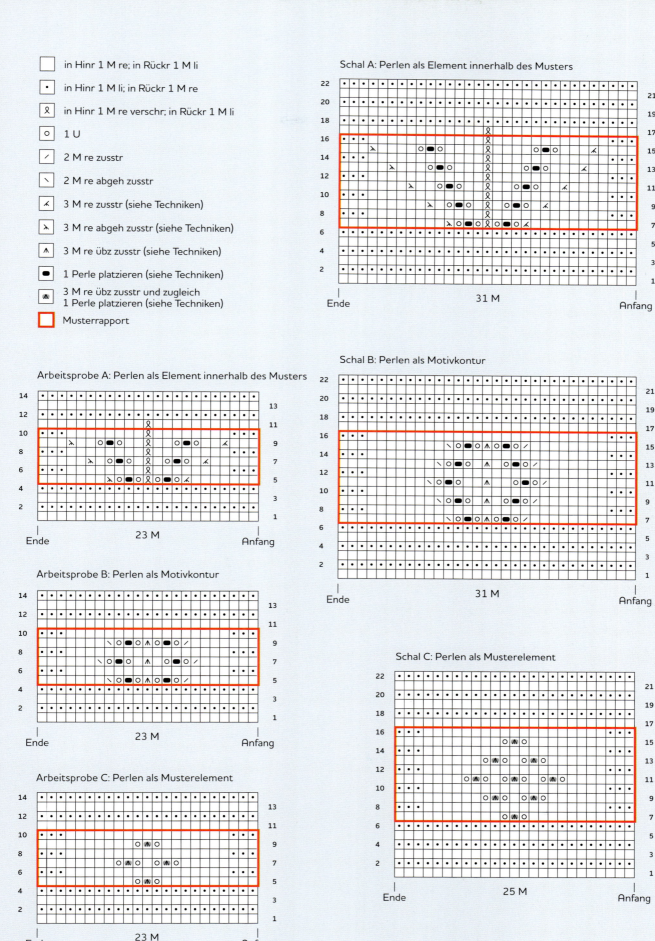

Kapitel 4

Projekte 1: Wanderungen, Trekkingtouren und einfache Klettersteige

Es gibt so viele fantastische Wanderwege, dass mir die Wahl schwerfiel, einige wenige herauszustellen. Die folgenden Projekte sind einigen ausgewählten Touren zugeordnet, wie Bergsteiger sie zum Aufwärmen gehen. Betrachten Sie diese Strickmodelle als „Warm-up" für die nächsten größeren Herausforderungen.

© iStockphoto.com/Urmas83

Costa Rica

Handstulpen Corcovado

Der Corcovado-Nationalpark ist ein ausgedehntes Gebiet von dichtem Regenwald, im dem eine der größten Populationen Costa Ricas an Hellroten Aras lebt. Dort zu wandern ist strapaziös, aber Costa Ricas schönster und urwüchsigster Regenwald macht diese Anstrengungen reichlich wett.

Das Garn für diese Handstulpen ist sehr elastisch, sodass sie vielen Handgrößen perfekt passen.

Größe
Einheitsgröße für die meisten Damenhände
Handumfang: 14 cm; Länge: 16,5 cm (nach dem Spannen und Abnehmen)

Garn
Alchemy Yarns of Transformation Juniper (100 % superfeine Merinowolle; LL 212 m/50 g) in **A** Pablo's Solace (Fb 78c) und **B** Citrine (Fb 76e), je 50 g

Nadeln und Hilfsmittel
- Nadelspiel 2–2,5 mm
- Maschenmarkierer, verschließbar (optional)
- Maschenraffer oder glatter Hilfsfaden
- Wollnadel

Maschenprobe
60 M und 48 Rd nach der Strickschrift für die Hand gestrickt = 10 cm x 10 cm (nach dem Spannen und Abnehmen)

Hinweise
Der Musterrapport von 15 M wird in jeder Rd auf jeder der 4 Spielstricknd gearbeitet.
Beim Fb-Wechsel den Faden in der alten Fb abschneiden und mit der neuen Fb beginnen, dabei den alten und den neuen Faden jeweils 15 cm lang hängen lassen. Am Ende die Fadenenden vorsichtig anziehen und auf der linken Seite der Arbeit vernähen.
Beim Stricken mit dem Nadelspiel können Sie das Fadenende vom M-Anschlag zum Markieren des Rd-Beginns nach oben mitführen. Nach Belieben können Sie stattdessen aber auch einen verschließbaren Maschenmarkierer einsetzen.

Anleitung

Mit dem Ndspiel und Fb A 60 M anschl. Die M gleichmäßig auf 4 Nd verteilen (= 15 M je Nd). Die Arbeit zur Rd schließen, ohne die M zu verdrehen, und den Rd-Beginn mit dem Fadenende oder 1 MM kennzeichnen. Nach der Strickschrift für die Hand weiterstr wie folgt:
Die 1.–6. Rd der Strickschrift für die Hand arb.
Zu Fb B wechseln.
1 x die 7.–22. Rd arb, dann die 13.–22. Rd noch 1 x arb.

Daumenzwickel

Nächste Runde (Zun-Rd): Die 1. Rd der Strickschrift für den Daumen arb, MM einhängen, dann die nächste Rd der Strickschrift für die Hand arb bis Rd-Ende (= 1 M zugenommen).
23 Rd in der gegebenen Einteilung arb; mit der 46. Rd der Strickschrift für die Hand und der 24. Rd der Strickschrift für den Daumen enden (= 83 M: 60 M für die Hand und 23 M für den Daumenzwickel).
Nächste Runde: 23 M für den Daumen auf einem Maschenraffer oder einem glatten Hilfsfaden stilllegen, dabei ggf. den MM entfernen. Die nächste Rd der Strickschrift für die Hand arb, dabei die 1. und 4. Rd fest zusammenziehen, damit am Daumenzwickel keine Lücke entsteht (= 60 M).
Die 48.–62. Rd mustergemäß str.
Zu Fb A wechseln.
Die 63.–88. Rd mustergemäß str.
Abkettrunde: 2 M re verschr zusstr, * die verbleibende M zurück auf die linke Nd heben, 2 M re verschr zusstr; ab * fortlfd wdh bis Rd-Ende, dabei nicht zu locker arb. Den Faden bis auf ein 15 cm langes Stück abschneiden und das Fadenende durch die verbleibende M ziehen.

Daumen

Die stillgelegten 23 Daumen-M auf 3 Spielstricknd verteilen.
Nächste Runde (Fb B): Die 25. Rd der Strickschrift für den Daumen arb, dann die linke Nd von vorne nach hinten unter dem Querfaden zwischen den M am „Steg" am oberen Ende des Daumenzwickels einstechen und 1 M re verschr str (= 24 M). Die M gleichmäßig auf die 3 Nd verteilen (= 8 M je Nd). Den Rd-Beginn ggf. mit 1 MM kennzeichnen und die Arbeit zur Rd schließen.
1 Rd mustergemäß str.
Zu Fb A wechseln.
Die 27.–32. Rd im eingeteilten Muster str.
Alle M abk, wie bei der Hand beschrieben.
Die 2. Handstulpe genauso str.

Fertigstellung

Alle Fadenenden vernähen und dabei eventuelle Löchlein schließen (vor allem am oberen Ende des Daumenzwickels); Fadenenden noch nicht abschneiden. Die Stulpen in kaltem Wasser einweichen, bis sie sich gut vollgesogen haben (ca. 30 Minuten), aus dem Wasser nehmen, ausdrücken und in ein Handtuch einrollen, um weiteres Wasser zu entfernen. Die Stulpen flach ausgebreitet trocknen lassen. Die Fadenenden abschneiden.

Strickschrift für die Hand

Strickschrift für den Daumen

- Ende des Daumens (Reihe 45)
- Beginn des Daumenzwickels (Reihe 23)
- 2 x arb
- Daumen
- Daumenzwickel

▦ (blau)	Fb A
▦ (grau)	Fb B
□	1 M re
•	1 M li
O	1 U
╱	2 M re zusstr
╲	2 M re abgeh zusstr
M	1 M aus dem Querfaden zun (den Querfaden der Vorrd aufnehmen und re str, ohne ihn zu verdrehen)
ML	1 M re verschr aus dem Querfaden zun (den Querfaden der Vorrd aufnehmen und re verschr str)
▭ (roter Rahmen)	Musterrapport

Kathmandu
Schal Gebetsfahnen

Kathmandu, die Hauptstadt Nepals, ist für alle Reisenden das Tor zu diesem Land. Erwartungsvolle Bergsteiger beginnen in Kathmandu ihre Mount-Everest-Tour, versorgen sich mit Lebensmitteln und fahren dann weiter, doch die Stadt ist so geschichtsträchtig und zauberhaft, dass es sich lohnt, sie zu erkunden.

Eine der berühmtesten Touren ist der Weg zum Basislager am Mount Everest. Sie kann vierzehn bis zwanzig Tage in Anspruch nehmen, verläuft in großer Höhe und ist ausgesprochen anstrengend. Die Inspiration zu diesem Schal aus Einzelquadraten in leuchtenden Farben lieferten verblichene, aber immer noch farbenfrohe Gebetsfahnen in den Bergen. Jedes Quadrat wird mit dem Nadelspiel von der Mitte nach außen gestrickt und anschließend mit dem Nachbarquadrat verbunden.

Dieses Modell kann leicht in der Breite oder Länge vergrößert werden und ergibt dann eine hübsche Stola oder Babydecke.

Größe
16,5 cm x 146 cm

Garn
Crystal Palace Mini Mochi (80 % Merinowolle, 20 % Polyamid; LL 178 m/50 g) in A Tapestry Rainbow (Fb 105), 100 g, und B Lily Pad (Fb 1110), 50 g
Bitte beachten Sie die Hinweise zur Berechnung der Garnmenge, wenn Sie das Modell vergrößern wollen.

Perlen
24 tschechische Rocailles, Größe 6/0, transparent mit Goldeinzug

Nadeln und Hilfsmittel
- Nadelspiel 2,5-3 mm
- Rundstricknadeln 2,5–3 mm, 40 cm und 80 cm lang

Verwenden Sie gegebenenfalls etwas dickere oder dünnere Nadeln, um die richtige Maschenprobe zu erzielen.
- Maschenmarkierer, verschließbar (optional)
- Hilfsgarn, glatt
- Stahlhäkelnadel 0,6 mm (oder andere Stärke, passend zu den Perlen)
- Wollnadel
- T-Stecknadeln
- Spannunterlage
- 4 kurze, feste Spanndrähte für die Quadrate
- 4 lange (oder 2 sehr lange) feste Spanndrähte für den Schal

Perlen
24 tschechische Rocailles 6/0, transparent mit Goldeinzug

Maschenprobe
1 Quadrat = 16,5 cm x 16,5 cm (nach dem Spannen und Abnehmen)

Hinweise

Perlen einstricken: Siehe Techniken, Seite 14.

Beim Stricken mit dem Nadelspiel können Sie das Fadenende vom M-Anschlag zum Markieren des Rd-Beginns nach oben mitführen. Nach Belieben können Sie stattdessen aber auch einen verschließbaren Maschenmarkierer einsetzen.

Die Strickschriften zeigen jede Runde bzw. Reihe. Strickschrift A wird in Runden gestrickt: Alle Zeilen von rechts nach links lesen. Strickschrift B wird in Hin- und Rückreihen gestrickt, daher alle Hinreihen (ungerade Nummern) von rechts nach links und alle Rückreihen (gerade Nummern) von links nach rechts lesen.

Dieses Modell lässt sich in Breite und Länge leicht vergrößern. Ein Knäuel des angegeben Garns reicht für 4–5 Quadrate. Jedes Quadrat misst nach dem Spannen und Abnehmen 16,5 cm x 16,5 cm. Sie können das Modell also in Schritten von 16,5 cm verlängern oder verbreitern. Denken Sie daran, mehr Garn zu kaufen, wenn Sie das Projekt vergrößern wollen. Wenn Sie den Schal zur Stola oder Decke verbreitern möchten, müssen Sie die Streifen der Länge nach in Drei-Nadel-Technik zusammen abketten, um sie zu verbinden, und zusätzliche Musterrapporte nach Strickschrift B entlang jeder Kante arbeiten.

Ich habe jedes Quadrat bewusst unterschiedlich in den Farben gestrickt, indem ich jedes Mal an einer anderen Stelle des Farbrapports im Garn begonnen habe. Um noch mehr Variationsmöglichkeiten zu erhalten, habe ich außerdem etwas Garn abgewickelt und so den Farbverlauf umgekehrt.

Anleitung

Quadrat 1

Mit dem Ndspiel und Fb A 8 M in der Technik des Kreuzanschlags anschl (siehe Techniken) und auf 4 Nd verteilen (= 2 M je Nd). Die Arbeit zur Rd schließen, ohne die M zu verdrehen, und den Rd-Beginn mit dem Fadenende oder einem MM kennzeichnen.

1. Runde: 4 x [1 M li, 1 M re verschr].

Nächste Runde: Die 1. Rd von Strickschrift 1 4 x in der Rd arb (= 8 M zugenommen).

Die 2.–36. Rd nach der Strickschrift arb, wie eingeteilt, dabei zur Rundstricknd wechseln, sobald die M-Zahl für das Ndspiel zu hoch wird (= 152 M bzw. 38 M je Quadratseite). Ein mindestens 90 cm langes Stück Hilfsfaden abschneiden. Die M auf diesem Faden stilllegen und die Enden des Hilfsfadens miteinander verknoten.

Quadrate 2–8

Wie Quadrat 1 arb (siehe Hinweise oben zum Beginn jedes Quadrats an einem anderen Punkt des Fb-Verlaufs im Garn).

Strickschrift A

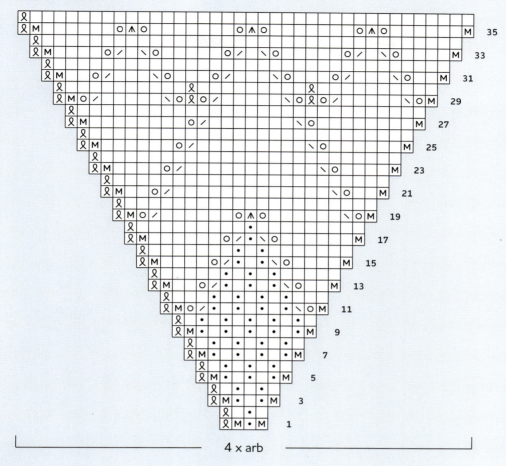

4 x arb

	in Hinr bzw. Rd 1 M re; in Rückr 1 M li
•	in Hinr bzw. Rd 1 M li; in Rückr 1 M re
୧	1 M re verschr
O	1 U
/	2 M re zusstr
\	2 M re abgeh zusstr
∧	3 M re übz zusstr (siehe Techniken)
●	1 Perle platzieren (siehe Techniken)
M	1 M aus dem Querfaden zun und re str (nicht verschränkt)
▭	Musterrapport

Strickschrift B

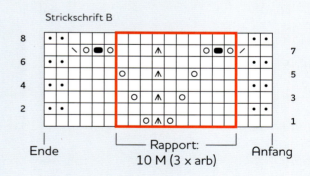

Tipps und Tricks

Verwenden Sie beim Stricken mit dem Nadelspiel das Fadenende vom Maschenanschlag zum Markieren des Rundenbeginns.

Fertigstellung

Die Fadenenden vom M-Anschlag der Quadrate vernähen, aber noch nicht abschneiden. Die Quadrate ca. 30 Minuten lang in kaltem Wasser einweichen, bis sie sich gründlich vollgesogen haben, dann aus dem Wasser nehmen, ausdrücken und in ein Handtuch einrollen, um möglichst viel Wasser daraus zu entfernen. In jede Quadratkante einen festen Spanndraht einziehen und das Quadrat auf 18 cm x 18 cm spannen.
Die Quadrate vollständig trocknen lassen und erst dann Stecknadeln und Drähte entfernen. Dabei ziehen sich die Quadrate auf das Fertigmaß von 16,5 cm x 16,5 cm zusammen. Die Fadenenden vom M-Anschlag abschneiden.

Quadrate verbinden

Hinweis: Lassen Sie die Hilfsfäden in den M, bis alle Quadrate entfernt sind und die Umrandung gestrickt ist. Achten Sie darauf, beim Aufnehmen der M nicht in den Hilfsfaden einzustechen und ihn zu spalten.
Die stillgelegten 39 M (von einer verschränkten Eck-M zur nächsten verschränkten Eck-M) einer Seite des 1. Quadrats auf eine Spielstricknd auffassen; den Hilfsfaden in den M lassen bis zum Schluss. Mit einem 2. Quadrat genauso verfahren.
Beide Nd parallel halten, sodass die Quadrate links auf links liegen (die rechten Seiten zeigen nach außen), und beide Quadrate mit Fb B in 3-Nd-Technik zus abk und verbinden (siehe Techniken).
* Die stillgelegten 39 M entlang der gegenüberliegenden Seite von Quadrat 2 von einer verschränkten Eck-M zur nächsten wie zuvor auf eine Spielstricknd auffassen.
Die stillgelegten 39 M entlang einer Seite des 3. Quadrats ebenfalls auf eine Spielstricknd auffassen. Beide Quadrate links auf links, die Nd parallel legen und die Quadrate in 3-Nd-Technik zus abk und verbinden.
Ab * stets wdh, bis alle Quadrate zu einem langen Streifen verbunden sind.

Laceborte

Die stillgelegten 39 M entlang der gegenüberliegenden Seite des letzten Quadrats auf die kürzere Rundstricknd auffassen. Den Faden in Fb B anschlingen und mit einer Hinr beginnen wie folgt:
1. Reihe (Hinr): An der rechten unteren Ecke von Strickschrift B beginnen. Die 3 M vor dem rot umrandeten Rapport str, den Rapport von 10 M 3 x arb, dann mit den 6 M nach dem Rapport enden.
Die 2.–8. R der Strickschrift arb, wie eingeteilt. Dann noch 1 x die 1.–8. R str und die 1 x die 1.–7. R str.
Nächste Reihe (Rückr): Re M str.
Abkettreihe (Hinr): 2 M re, * die soeben gestrickten 2 M zurück auf die linke Nd heben, 2 M re verschr zusstr, 1 M re; ab * fortlfd wdh bis zu den letzten 2 M, 2 M re verschr zusstr. Den Faden bis auf 20 cm abschneiden; das Fadenende durch die letzte M ziehen.
An die andere Schmalseite eine Laceborte auf dieselbe Weise str.

Seitenkanten

Mit der längeren Rundstricknd und Fb B von der rechten Seite der Arbeit 13 M re aus den vertikalen M-Gliedern der Krausrippen entlang der Seitenkanten der Laceborte und 1 M aus der verschränkten Eck-M herausstr, * die stillgelegten 37 M re str, 1 M aus der Verbindung zwischen den Quadraten herausstr; ab * noch 6 x wdh, die stillgelegten 37 M re str, 1 M aus der verschränkten Eck-M herausstr, dann 13 M aus der Seitenkante der Laceborte herausstr (= 331 M).
Nächste Reihe (Rückr): Re M str.
Die M abk, wie bei der Laceborte beschrieben.
Bei der anderen Längsseite genauso verfahren.
Alle Hilfsfäden vorsichtig entfernen.
Alle Fadenenden vernähen und dabei Beginn und Ende jeder Verbindung in 3-Nd-Technik versäubern. Die Fadenenden noch nicht abschneiden.
Den Schal in kaltem Wasser einweichen, bis er sich gründlich vollgesogen hat (ca. 30 Minuten), aus dem Wasser nehmen und ausdrücken, dann in ein Handtuch einrollen, um möglichst viel Wasser zu entfernen. Einen oder zwei lange Spanndrähte in die beiden Abkettkanten der Längsseiten einziehen und den Schal auf eine gleichmäßige Breite spannen. Die perlenbesetzten Zacken an den Schmalseiten sauber aufstecken.
Den Schal vollständig trocknen lassen. Erst dann Stecknadeln und Spanndrähte entfernen.
Die Fadenenden abschneiden.

Der Inka-Trail

Beanie Machu Picchu

Der Inka-Trail (span.: camino inca) ist der klassische Wanderweg nach Machu Picchu. Er führt Sie mehrere Tage durch einzigartige Vegetationszonen der Andenkette, darunter Nebelwälder und alpine Tundra. Sie kommen durch kleinere Dörfer und verschiedene Inkaruinen, ehe der Trail schließlich am Sonnentor hoch über Machu Picchu endet.

Dieses Strickprojekt wird in der oberen Mitte mit dem Nadelspiel begonnen und in einer Kombination aus dem traditionellen Lacemuster „Feder und Fächer" (engl.: feather and fan) mit kontrastfarbenen Krausrippen gestrickt. Ein doppeltes Rippenbündchen hält die Ohren zuverlässig warm. Es wird entlang einer Linksmaschenrunde als saubere Faltkante nach innen umgeschlagen und angenäht, sodass es elastisch bleibt und professionell aussieht. Der Mix aus Farben und Mustern wirkt klassisch und modern zugleich.

Größe
Umfang am Bündchen: 40,5 cm
Höhe: 22 cm

Garn
Madelinetosh Unicorn Tails (100 % Superwash-Merinowolle; LL 47 m/12 g = 1 Ministrang) in **A** Silver Fox und **B** Celadon, je 24 g (= 2 Ministränge), sowie in **C** Charcoal, 12 g (= 1 Ministrang)

Nadeln und Hilfsmittel
- Nadelspiel 2–2,5 mm
- Rundstricknadel 2–2,5 mm, 40 cm lang

Verwenden Sie gegebenenfalls etwas dickere oder dünnere Nadeln, um die richtige Maschenprobe zu erzielen.

- Maschenmarkierer, verschließbar (optional)
- Hilfsgarn
- Wollnadel

Maschenprobe
34,5 m und 42 Rd im Muster nach Strickschrift B gestrickt = 10 cm x 10 cm (nach dem Spannen)

Hinweise
Statt der fünf Ministränge (Unicorn Tails) können Sie auch einen ganzen Strang Tosh Merino Light kaufen und damit die Mütze in einem Stück stricken.

Zum Ansetzen einer neuen Fb immer den Faden in der neuen Fb unter dem der alten Fb erfassen. Beim Fb-Wechsel den Faden in der alten Fb bis auf ein 15 cm langes Fadenende abschneiden und auch den Fadenanfang der neuen Fb 15 cm lang hängen lassen. Beim Str nach Strickschrift B Fb C beim Fb-Wechsel nicht abschneiden, sondern auf der linken Seite der Arbeit locker von Rd zu Rd mitführen. Nach dem Vernähen der Fadenenden sind die Übergänge nicht mehr zu sehen.

Beim Str mit den Ndspiel den Rd-Beginn mit dem Anfangsfaden markieren. Sie können aber auch einen verschließbaren MM verwenden.

Anleitung

Mit dem Ndspiel und Fb A 8 M in der Technik des Kreuzanschlags anschl (siehe Techniken, S. 17). Die M gleichmäßig auf 4 Nd verteilen (= 2 M je Nd), den Rd-Beginn mit dem Anfangsfaden markieren und die Arbeit zur Rd schließen, ohne die M zu verdrehen.

1. Runde: Die 1. Rd nach Strickschrift A arb (= 8 M zugenommen).

Die 2.–38. Rd im eingeteilten Muster str (= 160 M). Wenn die M-Zahl für das Ndspiel zu groß wird, zur Rundstricknd wechseln.

1 x die 1.–14. Rd von Strickschrift B arb, dann die 3.–14. Rd 3 x wdh, zuletzt die 15.–20. Rd 1 x arb.

Nächste Runde: 1 M li, * 2 M re, 2 M li; ab * fortlfd wdh bis zu den letzten 3 M, 2 M re, 1 M li.

Die letzte Rd noch 21 x wdh. Das Rippenbündchen ist nun ca. 7 cm hoch.

Nächste Runde (Umbruchkante): Li M str.

Im Rippenmuster weiterstr, bis Fb A nahezu aufgebraucht ist; am Rd-Beginn enden.

Zu Fb B wechseln und im Rippenmuster weiterstr, bis das Garn nahezu aufgebraucht ist; am Rd-Beginn enden.

Zu Fb C wechseln und im Rippenmuster weiterstr, bis insgesamt 21 Rd nach der Umbruchkante gestrickt sind. Den Faden nicht abschneiden.

Ein ca. 60 cm langes Stück Hilfsgarn zuschneiden. Die M wie zum Rechtsstr auf den Hilfsfaden übertragen.

Die Fadenenden am Rippenbündchen vernähen und abschneiden.

Das Rippenbündchen entlang der Umbruchkante zur Innenseite der Mütze umschlagen. Mit dem verbleibenden Garn in Fb B in der Wollnadel und überwendlichen Stichen (siehe Techniken, Seite 25) die offenen M an die letzte Rd des Musters gemäß Strickschrift nähen, dabei in die Li-M-Höcker auf der linken Seite der Arbeit einstechen und den Faden nicht zu fest anziehen. Hinweis: Lassen Sie den Hilfsfaden in den M, bis die Naht vollständig geschlossen ist. Dann den Faden in Fb C abschneiden und den Hilfsfaden entfernen.

Fertigstellung

Die restl Fadenenden vernähen (dabei die obere Mitte der Mütze schließen), aber noch nicht abschneiden. Die Mütze ca. 30 Minuten in kaltem Wasser einweichen, dann ausdrücken und in ein Handtuch einrollen, um möglichst viel Wasser herauszudrücken. Die Mütze flach ausbreiten, in Form ziehen und vollständig trocknen lassen. Die Fadenenden abschneiden.

	Fb A
	Fb B
	Fb C
	1 M re
•	1 M li
ℛ	1 M re verschr
○	1 U
╱	2 M re zusstr
╲	2 M re abgeh zusstr
⋀	3 M re übz zusstr (siehe Techniken, Seite 20)
	Musterrapport

Strickschrift A

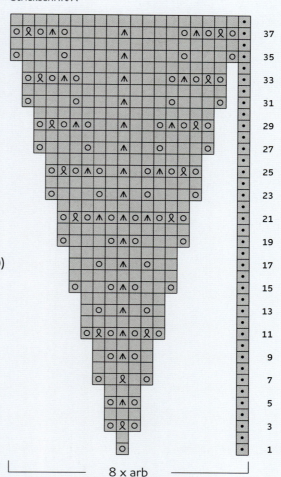

8 x arb

Tipps und Tricks

Beim Maschenanschlag auf dem Nadelspiel schlage ich gern alle Maschen auf einer einzigen Nadel an. Dann verteile ich die Maschen auf weitere zwei Nadeln.

In diesem Fall schlagen Sie 8 Maschen auf einer Spielstricknadel an. Übertragen Sie 4 Maschen vom rechten Ende der Nadel auf eine zweite Spielstricknadel und 2 Maschen vom rechten Ende der 2. Nadel auf eine 3. Spielstricknadel.

Dann schließen Sie die Arbeit zur Runde und halten sie so, dass die Verbindungsstelle zu Ihnen zeigt und Sie zu stricken beginnen können.

Nach einigen Runden nehmen Sie die vierte Nadel dazu: Nun können Sie Strickschrift A auf jeder Nadel zweimal arbeiten.

Strickschrift B

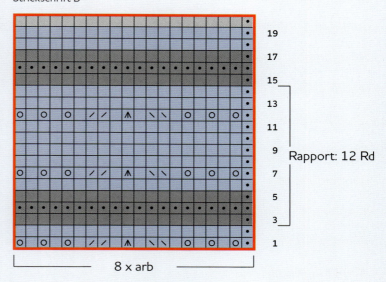

8 x arb

Rapport: 12 Rd

Von Chamonix nach Zermatt

Kragenschal Alpingarten

Dieser Haute Route genannte Höhenweg führt aus dem Tal von Chamonix (Frankreich) mit dem Mont Blanc nach Zermatt in der Schweiz mit dem Matterhorn. In den Sommermonaten ist es eine Gletscherwanderung, im Winter dagegen ist eine Skiausrüstung zwingend vorgeschrieben! Die Tour dauert zwölf Tage zu Fuß und sieben Tage mit Skiern; auf der Strecke stehen mehrere Berghütten und kleinere Gasthäuser als Unterkunft zur Verfügung.

Der Kragenschal wird in Runden gestrickt und bekommt durch verschränkte Maschen und eingestrickte Perlen eine reizvolle Struktur.

Größe
Umfang: 104 cm an der Unterkante, 40,5 cm an der Oberkante
Höhe: 24 cm an der höchsten Stelle

Garn
Jade Sapphire Silk Cashmere 2ply (55 % Seide, 45 % mongolisches Kaschmirhaar; LL 366 m/55 g = 1 Strang) in Plum Rose (Fb 024), 55 g (= 1 Strang)

Perlen
130 japanische Toho-Rocailles, Größe 8/0, violett mit fuchsiafarbenem Farbeinzug AB

Nadeln und Hilfsmitte
- Rundstricknadel 3–3,5 mm, 40 cm lang
Verwenden Sie gegebenenfalls etwas dickere oder dünnere Nadeln, um die richtige Maschenprobe zu erzielen.
- Maschenmarkierer
- Häkelnadel 0,6 mm (oder passende Stärke für die Perlen)
- Wollnadel
- T-Stecknadeln, rostfrei
- Spannunterlage
- Schüssel, Ø 18 cm
- 100 cm Baumwollband oder Kordel

Maschenprobe
24 M glatt re = 10 cm breit (nach dem Spannen und Abnehmen)

Hinweise
Perlen einstricken: Siehe Techniken (Seite 14).

2 M ldr (Verzopfung; siehe auch Techniken, Seite 27): Verzopfungen über 2 M werden in Strickschrift B in der 5., 9., 13. und 17. Rd gearbeitet. Um diese Verzopfungen zu str, in der Vorrd 1 M vor Rd-Ende enden und die letzte M als 1. der 2 Zopf-M verwenden wie folgt: * 1 M abh, MM entfernen, die abgehobene M zurück auf die linke Nd heben, die 1. M übergehen und die 2. M auf der linken Nd re verschr str, die 1. M re str, dann beide M von der linken Nd gleiten lassen. Die letzte der soeben gestrickten M zurück auf die linke Nd heben, MM einhängen, die M zurück auf die rechte Nd heben. Wenn Sie MM zwischen den Rapporten verwenden, bis 1 M vor dem nächsten MM str und ab * wdh oder ganz einfach ohne MM nach Strickschrift weiterstr bis zur letzten M und mit 1 M re verschr enden.

Das Einsetzen von MM zwischen den Rapporten ist nicht notwendig und hemmt den Arbeitsfluss, aber Sie können natürlich nach Belieben MM verwenden. Wenn Sie auf MM zwischen den Rapporten verzichten, können Sie die Verzopfungen gemäß Strickschrift arb, ohne die MM jedes Mal entfernen und wieder einhängen zu müssen, wie oben beschrieben.
In der 29. und 35. Rd von Strickschrift B liegt ein doppelter U am Beginn und am Ende jedes Rapports. Wenn Sie MM verwenden, müssen Sie darauf achten, die MM zwischen den U zu halten, bevor Sie den MM am Rd-Beginn abh:
* 1 U, MM abh, 1 U, mustergemäß str bis zum nächsten MM; ab * noch 6 x wdh, 1 U, MM abh, 1 U, mustergemäß str bis zur letzten M, 1 M re.

Anleitung

120 M im Kreuzanschlag anschl (siehe Techniken, Seite 17). Den Rd-Beginn mit 1 MM kennzeichnen und die Arbeit zur Rd schließen, ohne die M zu verdrehen.
1 Rd re M str.
1 Rd li M str.
Nächste Runde: Die 1. Rd von Strickschrift A arb, dabei den Rapport von 15 M innerhalb der Rd 8 x arb.
1 x die 2.–14. Rd der Strickschrift A arb, dann die 1.–14. Rd noch 2 x wdh.
Nächste Runde: Die 1. Rd von Strickschrift B arb, dabei den Rapport von 15 M innerhalb der Rd 8 x arb (= 8 M zugenommen).
1 x die 2.–40. Rd von Strickschrift B arb (= 280 M).
Die M abk, wie folgt: 2 M re verschr zusstr, die verbleibende M zurück auf die linke Nd heben, 2 M re verschr zusstr, * 1 M re verschr, die soeben gearbeiteten 2 M zurück auf die linke Nd haben, 2 M re verschr zusstr; ab * fortlfd wdh bis Rd-Ende.
Den Faden bis auf ein 15 cm langes Fadenende abschneiden; das Fadenende durch die verbleibende M ziehen.

Fertigstellung

Die Fadenenden vernähen, aber noch nicht abschneiden. Die Strickarbeit ca. 30 Minuten in kaltem Wasser einweichen, ausdrücken und in ein Handtuch einrollen, um möglichst viel Wasser zu entfernen.
Den Schalkragen folgendermaßen spannen: Die Schüssel umgedreht auf die Spannunterlage stellen. Den Schalkragen mit dem schmaleren Ende nach oben auf die Schüssel legen. Die Zackenspitzen des Musters nach Strickschrift B zu einem Kreis mit 104 cm Umfang ziehen. Das Baumwollband oder die Kordel ca. 2,5 cm oberhalb der Unterlage um die Schüssel binden, damit der obere Teil des Kragens beim Spannen nicht gedehnt wird. Den Schalkragen vollständig trocknen lassen. Die Fadenenden abschneiden.

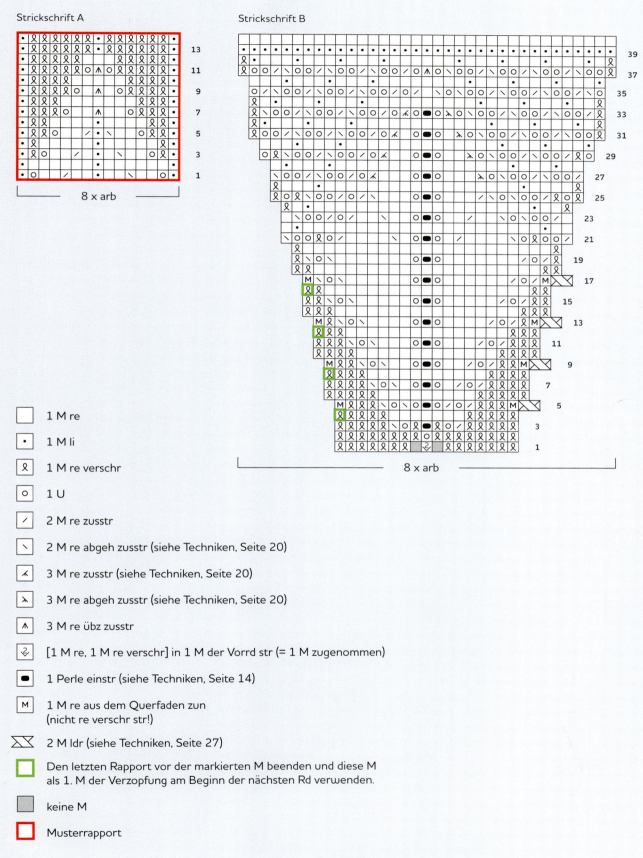

Mont Blanc

Lace-Socken Chamonix

Der Mont Blanc (frz.: weißer Berg) ist mit 4810 m über Meereshöhe der höchste Berg der Europäischen Union. Die Einheimischen nennen ihn „La Dame blanche", was „Die weiße Frau" bedeutet. Der erste dokumentierte Aufstieg auf den Gipfel gelang Jacques Balmat und Michel Paccard im Jahr 1786, und viele sehen darin die Geburtsstunde des modernen Alpinismus. Obwohl der Mont Blanc als der höchste Berg der Europäischen Union gilt, ist er nicht die höchste Erhebung des Kontinents. Doch ich finde es einer ehrenvollen Erwähnung wert!

Größe
Fußumfang: 16,5 cm
Fußlänge: 18 cm

Garn
Crystal Palace Panda Silk (52 % Viskose auf Bambusbasis, 43 % Merinowolle, 5 % Seide; LL 187 m/50 g) in Natural Ecru (Fb 3204), 100 g

Nadeln und Hilfsmittel
- Nadelspiel 2–2,5 mm
- Maschenmarkierer, verschließbar (optional)
- Wollnadel
- Spannbretter für Socken (optional)

Maschenprobe
37 M und 52 Rd glatt re = 10 cm x 10 cm (nach dem Spannen)
42 M und 52 Rd im Lacemuster = 10 cm x 10 cm (nach dem Spannen)

Besondere Techniken
w&w (wickeln & wenden): In Hinr (= auf der rechten Seite der Arbeit) bis zur Wendestelle str, die nächste M li abh, den Faden zwischen den Nd vor die Arbeit legen, dieselbe M zurück auf die linke Nd heben, die Arbeit wenden und den Faden in die richtige Position für die nächste M bringen. In Rückr (= auf der linken Seite der Arbeit) bis zur Wendestelle str, die nächste M li auf die rechte Nd abh, den Faden zwischen den Nd nach hinten legen, die abgehobene M zurück auf die linke Nd heben, den Faden zwischen den Nd nach vorne legen und die Arbeit wenden, sodass die rechte Seite vorne und der Faden in der richtigen Position für die nächste M liegt.

Hinweise
Diese Socken werden klassisch vom Schaft zur Spitze gestrickt. Statt der üblichen Fersenmuster habe ich hier eine verstärkte Ferse mit versetzten Hebemaschen gearbeitet, die nicht nur robust ist, sondern auch hübsch aussieht.
Sie können den Fuß dieser Socken leicht verlängern, indem Sie einen zusätzlichen Rapport von 16 R gemäß Strickschrift arb oder vor Beginn der Spitze einfach ein paar Rd glatt re str. Für Damensocken über Schuhgröße 38 brauchen Sie jedoch einen zusätzlichen Knäuel Garn. Verwenden Sie beim Str mit dem Ndspiel das Fadenende vom M-Anschlag zum Markieren des Rd-Beginns. Alternativ können Sie auch einen verschließbaren MM einsetzen.

Anleitung

68 M im Kreuzanschlag (siehe Techniken, Seite 17) locker, aber gleichmäßig anschl und auf 4 Nd verteilen (= 17 M je Nd). Den Rd-Beginn mit dem Anfangsfaden oder einem verschließbaren MM kennzeichnen und die Arbeit zur Rd schließen, ohne die M zu verdrehen.

1. und 2. Runde: * 1 M li, 2 M re, 2 x [1 M li, 4 M re], 1 M li, 2 M re, 1 M li; ab * auf jeder Nd wdh.

5 x oder bis zur gewünschten Schafthöhe die 1.–14. Rd der Strickschrift arb; mit einer 14. Rd enden.

Mit der 4. Nd 1 M li von der 1. Nd str und auf der 4. Nd lassen, sodass der Rd-Beginn sich um 1 M nach links verschiebt.

Verstärkte Fersenwand

1. Reihe (Hinr): Mit 1 Spielstricknd * 1 M li abh (Fh), 1 M re, ab * über die M der 1. und 2. Nd fortlfd wdh bis zur letzten M der 2. Nd, die letzte M auf die 3. Nd heben (= 32 Fersen-M auf der Nd). Über diese M die Fersenwand in Hin- und Rückr str; die restl 36 M für den Oberfuß auf der 3. und 4. Nd stilllegen.

2. Reihe (Rückr): 1 M re abh (Fv), li M str bis R-Ende.

3. Reihe: 1 M li abh (Fh), 2 M re, * 1 M li abh (Fh), 1 M re, ab * fortlfd wdh bis zur letzten M, 1 M re.

4. Reihe: Wie die 2. R str.

5. Reihe: * 1 M li abh (Fh), 1 M re, ab * fortlfd wdh bis R-Ende.

Die 2.–5. R noch 5 x wdh, dann die 2.–4. R noch 1 x arb. Jetzt sollten an beiden Kanten der Fersenwand je 16 Hebe-M zu sehen sein.

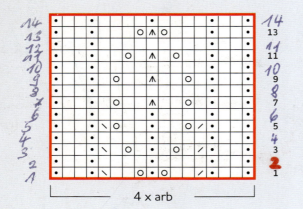

	1 M re
·	1 M li
O	1 U
/	2 M re zusstr
\	2 M re abgeh zusstr (siehe Techniken, Seite
∧	3 M re übz zusstr
▢	Musterrapport

Fersenkäppchen

1. Reihe (Hinr): 1 M li abh (Fh), 16 M re, 2 M re zusstr, 1 M abh, w&w (siehe „Besondere Techniken, Seite 58).
2. Reihe (Rückr): 3 M re, 2 M li zusstr, 1 M abh, w&w.
3. Reihe: 4 M re, 2 M re zusstr, 1 M abh, w&w.
4. Reihe: 5 M li, 2 M li zusstr, 1 M abh, w&w.
5. Reihe: 6 M re, 2 M re zusstr, 1 M abh, w&w.
6. Reihe: 7 M li, 2 M li zusstr, 1 M abh, w&w.
7. Reihe: 8 M re, 2 M re zusstr, 1 M abh, w&w.
8. Reihe: 9 M li, 2 M li zusstr, 1 M abh, w&w.
9. Reihe: 10 M re, 2 M re zusstr, 1 M abh, w&w.
10. Reihe: 11 M li, 2 M li zusstr, 1 M abh, w&w.
11. Reihe: 12 M re, 2 M re zusstr, 1 M abh, w&w.
12. Reihe: 13 M li, 2 M li zusstr, 1 M abh, w&w.
13. Reihe: 14 M re, 2 M re zusstr, 1 M abh, w&w.
14. Reihe: 15 M li, 2 M li zusstr, 1 M abh, w&w.
15. Reihe: 17 M re (= 18 Fersen-M).

Zwickel

Von der rechten Seite der Arbeit mit der 1. Nd 1 M aus der Lücke zwischen Oberfuß und Fersenwand sowie 16 M aus der Kante der Fersenwand aufnehmen und re str; über die M der 3. Nd für den Oberfuß im eingeteilten Muster gemäß Strickschrift str; über die M der 4. Nd ebenfalls gemäß Strickschrift weiterstr bis zur letzten M, 1 M li str; mit einer weiteren Spielstricknd 16 M aus der anderen Seitenkante der Fersenwand und 1 M aus der Lücke zwischen Fersenwand und Oberfuß aufnehmen und re str, dann 9 M der 1. Nd re str (= 88 M). Die M so verteilen, dass auf der 1. und 4. Nd jeweils 26 M für Ferse und Zwickel, auf der 2. und 3. Nd jeweils 18 M für den Oberfuß liegen. Den Rd-Beginn (in der Mitte der Fußsohle) markieren und in Rd weiterstr.

1. Runde: Die M der 1. Nd re str; die M der 2. und 3. Nd im eingeteilten Lacemuster str; die M der 4. Nd re str.
2. Runde: Die M der 1. Nd re str bis zu den letzten 3 M, 2 M re zusstr, 1 M re; die M der 2. und 3. Nd im eingeteilten Lacemuster str; auf der 4. Nd 1 M re, 2 M re abgeh zusstr, re M str bis Rd-Ende (= 2 M abgenommen).

Die letzten 2 Rd noch 9 x wdh, dann die 1. Rd noch 1 x wdh (= 68 M: je 16 M auf der 1. und 4. Nd, je 18 M auf der 2. und 3. Nd).
Die 1. M der 2. Nd auf die 1. Nd heben; die letzte M der 3. Nd auf die 4. Nd heben (= 17 M auf jeder Nd).

Fuß

In der gegebenen Mustereinteilung (Oberfuß im Lacemuster, Sohle glatt re) weiterstr, bis der Fuß 5 cm kürzer ist als die gewünschte Fußlänge; mit einer 14. Rd der Strickschrift enden. Falls nötig, einige Rd glatt re über alle M str, um auf die gewünschte Fußlänge zu kommen.

Spitze

1. Runde (Abn-Rd): Auf der 1. Nd re M str bis zu den letzten 3 M, 2 M re zusstr, 1 M re; auf der 2. Nd 1 M re, 2 M re abgeh zusstr, re M str bis Nd-Ende; auf der 3. Nd re M str bis zu den letzten 3 M, 2 M re zusstr, 1 M re; auf der 4. Nd 1 M re, 2 M re abgeh zusstr, re M str bis Nd-Ende (= 4 M abgenommen).
2. Runde: Re M str.

Die 1. und 2. Rd noch 8 x wdh (= 32 M bzw. 8 M auf jeder Nd).
Die 1. Rd (= Abn-Rd) noch 6 x wdh (= 8 M bzw. 2 M auf jeder Nd).
Den Faden bis auf ein 25 cm langes Ende abschneiden. Das Fadenende in die Wollnadel einfädeln, 2 x durch die verbleibenden M führen, fest anziehen und im Inneren der Socke vernähen. Alternativ die letzten 8 M (je 4 M von Oberfuß und Sohle) im Maschenstich zusammennähen.
Die 2. Socke genauso arb.

Fertigstellung

Die Fadenenden vernähen. Die Socken ca. 30 Minuten in kaltem Wasser einweichen, ausdrücken und in ein Handtuch einrollen, um möglichst viel Wasser zu entfernen. Dann die Socken flach zum Trocknen auslegen und in Form ziehen oder auf Sockenspannbretter ziehen und vollständig trocknen lassen.

Mont Blanc

Mütze Chamonix

Diese Mütze passt perfekt zu den Lace-Socken Chamonix. Ich habe dafür das dünne Garn der Socken durch ein mittelstarkes Garn derselben Fasermischung ersetzt und statt der Umschläge des Sockenmusters Zunahmen aus dem Querfaden gearbeitet: Die Optik ist die gleiche, aber die Löcher werden kleiner, sodass der Kopf wärmer gehalten wird.

Größe
Umfang: 42 cm
Höhe: 21 cm

Garn
Crystal Palace Panda Pearl (53 % Viskose auf Bambusbasis, 42 % Merinowolle, 5 % Seide; LL 201 m/100 g) in Natural (Fb 7204), 100 g

Nadeln und Hilfsmittel
- Rundstricknadel 3,5 mm
- Nadelspiel 3,5 mm

Verwenden Sie gegebenenfalls etwas dickere oder dünnere Nadeln, um die richtige Maschenprobe zu erzielen.

- Maschenmarkierer (nach Belieben zusätzlich 1 verschließbarer Maschenmarkierer für den Rundenbeginn)
- Wollnadel

Maschenprobe
29 M und 36 Rd im Muster gemäß Strickschrift = 10 cm x 10 cm (nach dem Spannen)

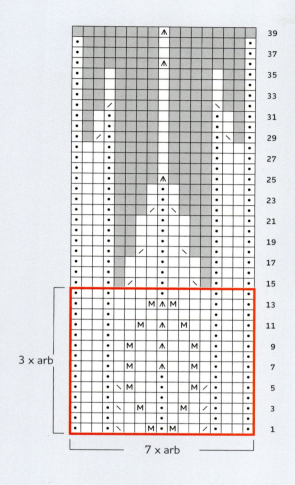

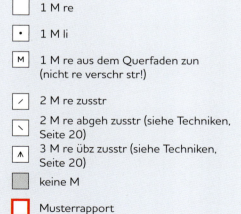

Anleitung

Mit der Rundstricknd im Kreuzanschlag (siehe Techniken, Seite 17) 119 M locker, aber gleichmäßig anschl. Den Rd-Beginn mit einem MM kennzeichnen und die Arbeit zur Rd schließen, ohne die M zu verdrehen.

1.–6. Runde: * 1 M li, 2 M re, 2 x [1 M li, 4 M re], 1 M li, 2 M re, 1 M li; ab * noch 6 x wdh bis Rd-Ende.
Die 1.-14. Rd der Strickschrift 3 x arb.

Abnahmen für den Oberkopf

Die 15.–39. Rd der Strickschrift arb (= 7 M).
Sobald die M-Zahl für die Rundstricknd zu gering wird, zum Ndspiel wechseln und den Rd-Beginn mit dem Anfangsfaden oder mit einem verschließbaren MM kennzeichnen. Über die restl 7 M eine 10 cm lange Strickschnur (I-Cord, siehe Techniken, Seite 14) str.
Den Faden bis auf ein 25 cm langes Ende abschneiden. Das Fadenende in eine Wollnadel einfädeln, 2 x durch die verbleibenden M führen, fest anziehen, um das Loch am Ende der Strickschnur zu schließen, und auf der Innenseite der Mütze vernähen.

Fertigstellung

Die Fadenenden vernähen, aber noch nicht abschneiden. Die Strickarbeit ca. 30 Minuten in kaltem Wasser einweichen, ausdrücken und in ein Handtuch einrollen, um möglichst viel Wasser zu entfernen. Die Mütze flach zum Trocknen auslegen, vorsichtig in Form ziehen und vollständig trocknen lassen. Die Fadenenden abschneiden. Den Mützenzipfel verknoten.

Mount Kosciuszko
Schultertuch Charlotte Pass

Der Mount Kosciuszko ist mit 2228 m die höchste Erhebung Australiens. Man kann bis zum Charlotte Pass mit dem Auto fahren und von dort zum Gipfel aufsteigen – ein Weg von rund 20 Kilometern. Den Berg ziert im Winter bis in den Frühling hinein eine Schneekappe. Bei guter Schneelage kann man sogar skilanglaufen.

Manche Menschen behaupten, dieser Berg sei der höchste Gipfel des Kontinents, aber wenn man den gesamten „Kontinent" Ozeanien betrachtet, stimmt das mit Sicherheit nicht. Diese Auseinandersetzung gehört zu den beliebten Sticheleien zwischen Bergsteigern und Geologen.

Größe
Breite: 132 cm
Höhe: 31,5 cm (in der Mitte)
Die Maße gelten für das gespannte und wieder abgenommene Modell.

Material
Fibre Company Meadow (40 % Merinowolle, 25 % Babylama, 20 % Seide, 15 % Leinen; LL 498 m/100 g) in Pokeweed, 100 g

Perlen
78 tschechische Rocailles, Größe 6/0, transparent mit bronzefarbenem Farbeinzug AB

Nadeln und Hilfsmittel
- Rundstricknadel 3,5 mm, 100 cm lang
Verwenden Sie gegebenenfalls etwas dickere oder dünnere Nadeln, um die richtige Maschenprobe zu erzielen.
- Häkelnadel 0,6 mm (oder andere Stärke passend zu den Perlen)
- Maschenmarkierer (optional)
- T-Stecknadeln, rostfrei
- Spannunterlage
- Spanndraht, 150 cm lang

Maschenprobe
18 M und 34 R kraus re = 10 cm x 10 cm (nach dem Spannen und Abnehmen)

Hinweise
Zum Thema Abheben von Randmaschen: Lassen Sie's!

Perlen einstricken: Siehe Techniken, Seite 14.

Bei diesem Modell habe ich im kraus re gestrickten Teil die M re verschr gestrickt, also unter dem hinteren M-Glied eingestochen. Sie müssen das nicht genauso machen, aber es verleiht dem fertigen Modell das gewisse Etwas.

Besondere Techniken
Bm3 (Büschelmasche über 3 Maschen):
3 M re zusstr, aber noch nicht von der linken Nd gleiten lassen, 1 U, dann dieselben 3 M noch 1 x re zusstr.

Anleitung

237 M im Kreuzanschlag anschl (siehe Techniken, Seite 17).
1. verkürzte Reihe: Re M str bis zu den letzten 3 M, dabei nach Belieben unter dem hinteren M-Glied einstechen (siehe Hinweise); wenden.
2. verkürzte Reihe: 1 M li abh (Fh), re M str bis zu den letzten 3 M; wenden.
3. verkürzte Reihe: 1 M li abh (Fh), re M str bis 3 M vor der letzten Wendestelle; wenden.
Die letzte verkürzte R noch 75 x wdh (es bleiben 3 M in der Mitte der R in Arbeit übrig). Den Faden bis auf ein 25 cm langes Ende abschneiden.
Die M von der rechten Spitze der Rundstricknd auf die linke schieben. Den Faden an dieser Kante wieder anschlingen und 1 R re M über alle M str.
Nächste Reihe: *Bm3 (siehe „Besondere Techniken"), 1 U; ab * fortlfd wdh bis zu den letzten 3 M, enden mit Bm3 (= 315 M mit 79 Bm).
Nächste Reihe: 3 M re, li M str bis zu den letzten 3 M, 3 M re.
Nächste Reihe (Hinr): Die 1. R der Strickschrift arb, dabei an der rechten Seite der Strickschrift mit den 7 M vor dem markierten Rapport beginnen, den Rapport von 4 M 76 x arb und mit den 4 M nach dem Rapport enden. (Die grau unterlegten Kästchen sind lediglich Platzhalter für die M, die später zugenommen werden. Lassen Sie sich dadurch nicht verwirren.)
Nächste Reihe (Rückr): Die 2. R der Strickschrift arb, dabei an der linken Seite der Strickschrift mit den 4 M vor dem markierten Rapport beginnen, den Rapport von 4 M 76 x wdh und mit den 7 M rechts vom Rapport enden.
Die 3.–14. R gemäß Strickschrift arb, wie eingeteilt (= 931 M).
Abkettreihe: 2 M re, die soeben gestrickten 2 M zurück auf die linke Nd heben, 2 M re verschr zusstr, * 1 M re, die soeben gestrickten 2 M auf die linke Nd zurückheben, 2 M re verschr zusstr; ab * fortlfd wdh bis R-Ende. Den Faden bis auf ein ca. 25 cm langes Ende abschneiden. Das Fadenende durch die letzte M ziehen.

Fertigstellung

Die Fadenenden vernähen, aber noch nicht abschneiden. Die Strickarbeit ca. 30 Minuten in kaltem Wasser einweichen, ausdrücken und in ein Handtuch einrollen, um möglichst viel Wasser zu entfernen.
Den Spanndraht durch die Anschlagkante führen und das Tuch leicht sichelförmig entsprechend den Maßangaben (siehe Grafik rechts) spannen, dabei jede Spitze der Zackenkante separat aufstecken. Das Tuch vollständig trocknen lassen. Wenn die Stecknadeln entfernt sind, zieht sich das Tuch auf die Fertigmaße (siehe Größe) zusammen. Die Fadenenden abschneiden.

☐	in Hinr 1 M re, in Rückr 1 M li
•	in Hinr 1 M li, in Rückr 1 M re
℞	in Hinr 1 M re verschr, in Rückr 1 M li verschr
O	1 U
/	2 M re zusstr
\	2 M re abgeh zusstr (siehe Techniken, Seite 20)
∧	3 M re übz zusstr (siehe Techniken, Seite 20)
⚲	[1 M re, 1 M re verschr] in 1 M der Vorr str (= 1 M zugenommen)
⚳	[1 M re, 1 U, 1 M re] in 1 M der Vorr str
■	1 Perle einstricken (siehe Techniken, Seite 14)
▨	keine M
▭	Musterrapport

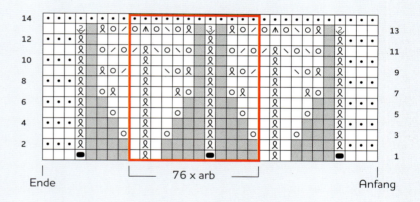

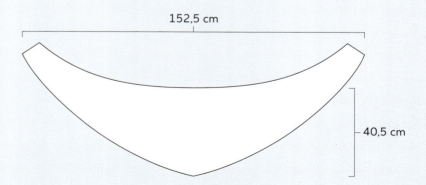

152,5 cm

40,5 cm

Kapitel 5

Projekte 2: Die Seven Summits

Die Seven Summits repräsentieren die höchsten Gipfel auf den sieben Kontinenten. Die folgenden Projekte wiederum sind jeweils einem der Berge zugeordnet und in ansteigender Reihenfolge vom niedrigsten zum höchsten vorgestellt. Allerdings steht weder die stricktechnische noch die bergsteigerische Herausforderung unbedingt in Zusammenhang mit der Höhe. Viel Vergnügen!

© iStockphoto.com/Torsakarin

Australien/Ozeanien: Puncak Jaya

Tuch Ozeania

Mit einer Höhe von 4884 m ist die Carstensz-Pyramide (Puncak Jaya) der höchste Berg Indonesiens und damit auch des gesamten Kontinents „Ozeanien". Die erste dokumentierte Besteigung gelang einer österreichischen Expedition 1962. Obwohl der Berg wahrscheinlich schon seit 1623 unter dem Namen Carstensz-Pyramide bekannt ist, als er an einem ungewöhnlich klaren Tag erstmals gesichtet wurde, benannte man ihn gegen Ende des 19. Jahrhunderts in Puncak Jaya um. Puncak bedeutet „Gipfel" und Jaya heißt „ruhmreich". Der Begriff Carstensz-Pyramide wird allerdings noch von Bergsteigern benutzt.

Größe
Kantenlänge: jeweils 81,5 cm
Breite in der Mitte: 91,5 cm

Garn
Tess' Designer Yarns Superwash Merino Lace (100 % Superwash-Merinowolle; LL 457 m/50 g) in Kobaltblau, 100 g

Perlen
200 japanische Rocailles, Größe 8/0, in Kobalt opak irisierend
80 Duracoat-Rocailles, Größe 8/0, in Gold

Nadeln und Hilfsmittel
- Nadelspiel 2,5–3 mm
- 2 Rundstricknadeln 2,5–3 mm, 40 cm und 60 cm lang
- Häkelnadel 0,6 mm (oder andere Größe passend zu den Perlen)
- Häkelnadel 1,75 mm zum Abhäkeln der Maschen
- Maschenmarkierer, davon 1 verschließbar (optional)
- Wollnadel
- T-Stecknadeln, rostfrei
- Spannunterlage
- 4 flexible Spanndrähte, 150 cm lang

Maschenprobe
28 M glatt re = 10 cm breit (nach dem Spannen und Abnehmen)

Hinweise
Perlen einstricken: Siehe Techniken, Seite 14. Die goldfarbenen Perlen nur in der 169. Rd verwenden, die kobaltblauen Perlen in allen anderen Rd.
Ab der 125. Rd beginnt und endet jede Rd/jeder Rapport mit einem doppelten Umschlag. Näheres dazu siehe Techniken, Seite 21.
Gruppenweise abketten mit der Häkelnadel: Siehe Techniken, Seite 15.
Flachnoppen: Siehe Techniken, Seite 27.
Verwenden Sie beim Str mit dem Ndspiel das Fadenende vom M-Anschlag zum Markieren des Rd-Beginns. Alternativ können Sie auch einen verschließbaren MM einsetzen.

Anleitung

Mit dem Ndspiel und Fb A 8 M in der Technik des Kreuzanschlags anschl (siehe Techniken, S. 17). Die M gleichmäßig auf 4 Nd verteilen (= 2 M je Nd), den Rd-Beginn mit dem Anfangsfaden markieren und die Arbeit zur Rd schließen, ohne die M zu verdrehen.

Nächste Runde: Alle M re verschr str.

1. Runde: Die 1. Rd der Strickschrift A arb wie folgt: * 2 x [1 M re verschr, 1 M zun], MM einhängen; ab * fortlfd wdh bis Rd-Ende (= 8 M zugenommen).

Die 2.–84. Rd nach Strickschrift str wie eingeteilt (= 344 M). Wenn die M-Zahl für das Ndspiel zu groß wird, erst zur kürzeren und später zur längeren Rundstricknd wechseln.

Die 85.–156. Rd nach Strickschrift B str (= 624 M).

Die 157.–168. Rd nach Strickschrift für die Randbordüre str (= 680 M).

Mit der dickeren Häkelnd die M gruppenweise abk wie folgt: * 9 x [4 M zusammenfassen (siehe Techniken, Seite 15), 7 Lm], 4 M zusammenfassen, 4 Lm, 2 M zusammenfassen, 5 Lm, 3 M zusammenfassen, 5 Lm, 2 M zusammenfassen, 4 Lm, 20 x [4 M zusammenfassen, 7 Lm], 3 M zusammenfassen, 7 Lm, 10 x [4 M zusammenfassen, 7 Lm]; ab * noch 3 x wdh, die Rd mit 1 Km in die 1. M-Gruppe am Rd-Beginn schließen. Den Faden bis auf ein ca. 25 cm langes Ende abschneiden und das Fadenende durch die verbleibende M ziehen.

Fertigstellung

Die Fadenenden vernähen, aber noch nicht abschneiden. Die Strickarbeit ca. 30 Minuten in kaltem Wasser einweichen, ausdrücken und in ein Handtuch einrollen, um möglichst viel Wasser zu entfernen.

Je 1 langen Spanndraht durch die Lm-Bogen einer Kante führen und nach den beim Schnitt angegebenen Maßen so spannen, dass sich ein Quadrat mit leicht gerundeten Kanten ergibt. Das Tuch vollständig trocknen lassen; erst dann Nadeln und Drähte entfernen. Nach dem Entfernen der Stecknadeln entspannt sich das Tuch und bekommt die unter „Größe" angegebenen Maße. Die Fadenenden abschneiden.

Strickschrift A

4 x arb

Hinweis: Die violett unterlegten Maschen sind in beide Teile dieser Strickschrift eingezeichnet, um Ihnen das Arbeiten am Übergang der Grafiken zu erleichtern; die so markierten Maschen nur 1 x arb.

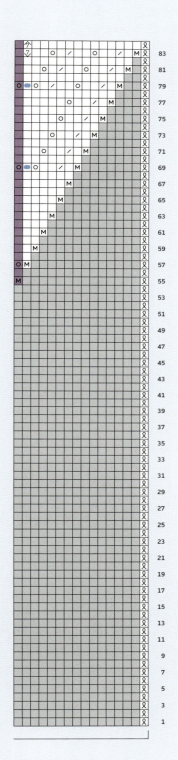

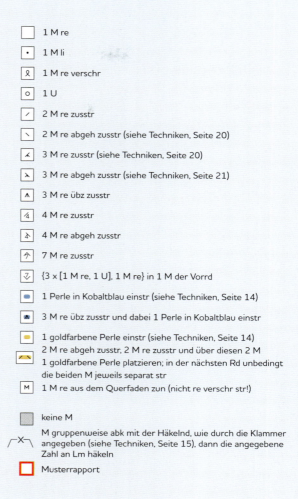

	1 M re
•	1 M li
ℛ	1 M re verschr
O	1 U
╱	2 M re zusstr
╲	2 M re abgeh zusstr (siehe Techniken, Seite 20)
⋌	3 M re zusstr (siehe Techniken, Seite 20)
⋋	3 M re abgeh zusstr (siehe Techniken, Seite 21)
⋀	3 M re übz zusstr
4	4 M re zusstr
⋋	4 M re abgeh zusstr
⇧	7 M re zusstr
⇩	{3 × [1 M re, 1 U], 1 M re} in 1 M der Vorrd
▬	1 Perle in Kobaltblau einstr (siehe Techniken, Seite 14)
▲	3 M re übz zusstr und dabei 1 Perle in Kobaltblau einstr
▬	1 goldfarbene Perle einstr (siehe Techniken, Seite 14)
◢◣	2 M re abgeh zusstr, 2 M re zusstr und über diesen 2 M 1 goldfarbene Perle platzieren; in der nächsten Rd unbedingt die beiden M jeweils separat str
M	1 M re aus dem Querfaden zun (nicht re verschr str!)
▨	keine M
⁄X⁄	M gruppenweise abk mit der Häkelnd, wie durch die Klammer angegeben (siehe Techniken, Seite 15), dann die angegebene Zahl an Lm häkeln
☐	Musterrapport

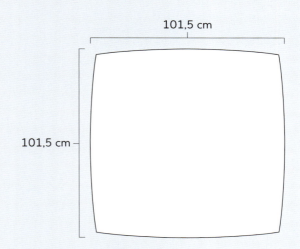

Strickschrift B

Hinweis: Die violett unterlegten Maschen sind in beide Teile dieser Strickschrift eingezeichnet, um Ihnen das Arbeiten am Übergang der Grafiken zu erleichtern; die so markierten Maschen nur 1 x arb.

4 x arb

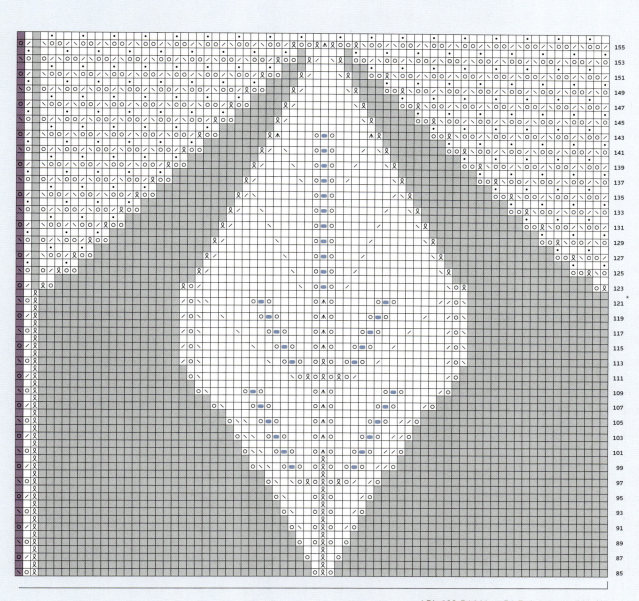

*Die 122. Rd 1 M vor Rd-Ende beenden, 1 M abh, den MM für den Rd-Beginn entfernen, die abgehobene M zurück auf die linke Nd heben und den MM wieder einhängen.

Strickschrift für die Bordüre

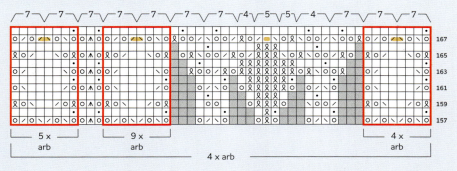

Antarktika: Vinson-Massiv

Umhang Diamantstaub

Unter „Diamantstaub" versteht man die Kerne von Eiskristallen einer Wolke, die bis zum Boden herabreichen. Die auch als „Eisnadeln" bezeichneten Kristalle bilden sich meist bei klarem Himmel und können in der Antarktis häufig beobachtet werden. Diese Art von Niederschlag dauert gewöhnlich mehrere Tage ohne Unterbrechung an.

Als Massiv bezeichnet man einen Bereich der Erdkruste, der durch Verwerfungen gekennzeichnet ist. Wenn sich die Erdkruste faltet, behält ein Massiv seine interne Struktur und wird als geologische Einheit bewegt. Daher dient der Begriff auch dazu, eine Gruppe von Bergen zu bezeichnen, die auf diese Weise gebildet wurden.

Mount Vinson ist mit 4892 m die höchste Erhebung der Antarktis. Das Massiv ist 1200 km vom Südpol entfernt und erstreckt sich über eine Länge von 21 km und eine Breite von 13 km. Es wurde nach Carl Vinson benannt, einem US-amerikanischen Kongressabgeordneten aus Georgia. Das Vinson-Massiv wurde 1958 entdeckt und 1966 erstmals bestiegen. Bis zum Februar 2010 versuchten 1400 Bergsteiger, den Gipfel des Mount Vinson zu erreichen.

Größe
Breite: 103 cm
Höhe: 42 cm
Die Maße gelten für das gespannte und wieder abgenommene Modell.

Garn
Cascade Alpaca Lace (100 % Babyalpaka; LL 400 m/50 g) in Silver (Fb 1413), 100 g

Perlen
25 g japanische Toho-Rocailles, Größe 8/0, transparent matt mit Silbereinzug AB mit quadratischem Loch

Nadeln und Hilfsmittel
- Rundstricknadel 2,5–3 mm, 100 cm lang
Verwenden Sie gegebenenfalls etwas dickere oder dünnere Nadeln, um die richtige Maschenprobe zu erzielen.
- Hilfsgarn, glatt
- Häkelnadel 0,6 mm (oder andere Stärke passend zu den Perlen)

- Häkelnadel 1,75 mm zum Abhäkeln der Maschen
- Maschenmarkierer (optional)
- Wollnadel
- T-Stecknadeln, rostfrei
- Spannunterlage
- 4 flexible Spanndrähte, 150 cm lang

Maschenprobe

32 M und 28 R glatt re = 10 cm x 10 cm (nach dem Spannen und Abnehmen)

Hinweise

Perlen einstricken: Siehe Techniken, Seite 14.
Maschen gruppenweise mit der Häkelnadel abketten: Siehe Techniken, Seite 15.
Zum Thema abgehobene Randmaschen: Ganz einfach – lassen Sie's! Dieses Modell soll frei gespannt werden, und abgehobene Randmaschen ergeben eine weniger elastische Kante.

Anleitung

Mit dem Hilfsfaden 3 M anschl.
13 R re M str.
Nächste Reihe: 3 M re; die Arbeit nicht wenden, sondern um 90 Grad nach rechts drehen, 6 M aus der linken Seitenkante aufnehmen und li str (je 1 M aus jeder Krausrippe); die Arbeit wieder um 90 Grad nach rechts drehen und 3 M aus dem provisorischen M-Anschlag aufnehmen und re str, dabei den Hilfsfaden entfernen (= 12 M). Die Arbeit wenden.
Nächste Reihe (Hinr): Nach Strickschrift A str, dabei an der rechten Seite der 1. R beginnen, 3 M re str, 5 x [1 M re verschr, 1 U], 1 M re verschr, 3 M re (= 17 M).

Nächste Reihe: Die 2. R an der linken Seite der Strickschrift beginnen, 3 M re str, 1 M li verschr, 5 x [1 M re, 1 M li verschr], 3 M re.
Die 3.–34. R nach Strickschrift A in der gegebenen Einteilung str (= 149 M).
Die 35.–68. R nach Strickschrift B arb (= 269 M).
Die 69.–78. R nach Strickschrift C arb (= 379 M).
Die 79.–90. R nach Strickschrift D arb (= 457 M).
Die 91.–112. R nach Strickschrift E arb (= 484 M).
Die 113.–138. R nach Strickschrift F arb (= 688 M).
Abkettreihe (Hinr): Die M mit der Häkelnd gruppenweise abk wie folgt: 3 M zusammenfassen, 7 Lm,* 6 x [4 M zusammenfassen, 7 Lm], 13 x [3 M zusammenfassen, 7 Lm], 14 x [4 M zusammenfassen, 7 Lm]; ab * 4 x wdh, 6 x [4 M zusammenfassen, 7 Lm], 13 x [3 M zusammenfassen, 7 Lm], 6 x [4 M zusammenfassen, 7 Lm], 3 M zusammenfassen, den Faden durch alle Schlingen auf der Häkelnd ziehen, 1 Lm. Den Faden bis auf ein ca. 25 cm langes Ende abschneiden und das Fadenende durch die verbleibende M ziehen.

Fertigstellung

Die Fadenenden vernähen, aber noch nicht abschneiden. Die Strickarbeit ca. 30 Minuten in kaltem Wasser einweichen, ausdrücken und in ein Handtuch einrollen, um möglichst viel Wasser zu entfernen.
Einen langen Spanndraht durch die M der Oberkante führen, die übrigen 3 Spanndrähte durch die Lm-Bogen an der Unterkante führen. Das Modell nach den Maßen in der Schnittzeichnung auf Seite 82 spannen und vollständig trocknen lassen. Nach dem Entfernen der Stecknadeln zieht es sich auf die unter „Größe" angegebenen Maße zusammen. Die Fadenenden abschneiden.

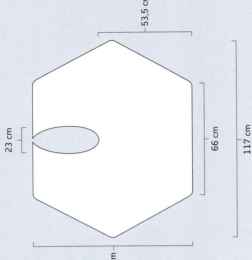

Strickschrift A

	in Hinr 1 M re, in Rückr 1 M li
·	in Hinr 1 M li, in Rückr 1 M re
⋉	1 M re verschr
○	1 U
\	2 M re zusstr
/	2 M re abgeh zusstr (siehe Techniken, Seite 20)
⋀	3 M re übz zusstr
⋏	3 M re zusstr (siehe Techniken, Seite 20)
⋏	3 M re abgeh zusstr (siehe Techniken, Seite 21)
◀	Den Querfaden zwischen den Nd auf die linke Nd nehmen und [1 M re, 1 U, 1 M re] abstr
⇉	[1 M re, 1 M re verschr, 1 M re] in 1 M der Vorr str
⇉	{3 x [1 M re, 1 M li], 1 M re} in 1 M der Vorr str
⇈	3 M re abgeh zusstr, 4 M re zusstr, die 2. über die 1. M ziehen
●	1 Perle einstr (siehe Techniken, Seite 14)
M	1 M re aus dem Querfaden zun (nicht re verschr str!)
⌐X⌐	M gruppenweise abk mit der Häkelnd, wie durch die Klammer angegeben (siehe Techniken, Seite 15), dann die angegebene Zahl an Lm häkeln
▓	keine M
☐	Musterrapport

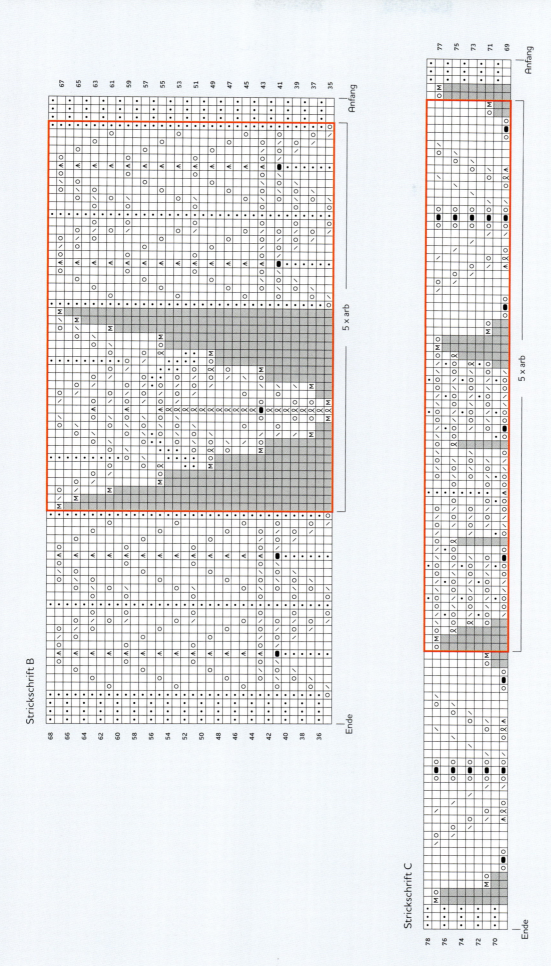

Strickschrift D

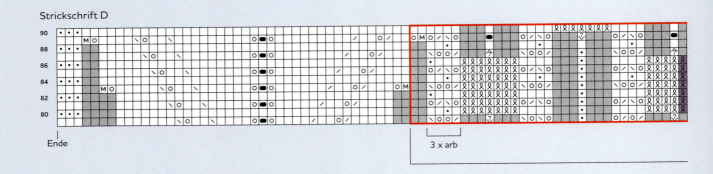

Strickschrift E

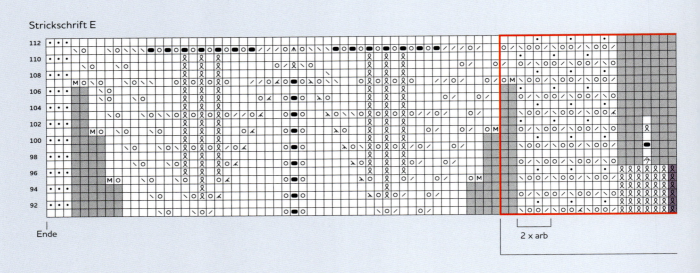

Strickschrift F

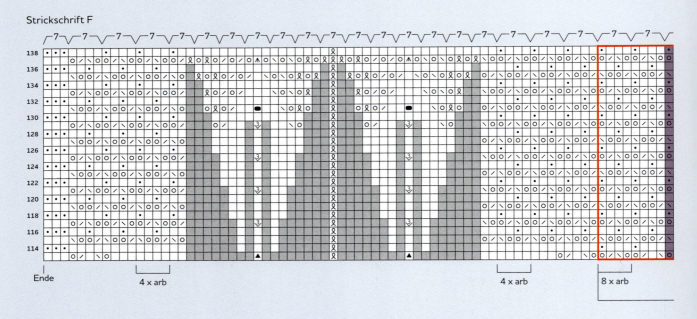

Hinweis: Die violett unterlegten Maschen sind in beide Teile dieser Strickschrift eingezeichnet, um Ihnen das Arbeiten am Übergang der Grafiken zu erleichtern; die so markierten Maschen nur 1 x arb.

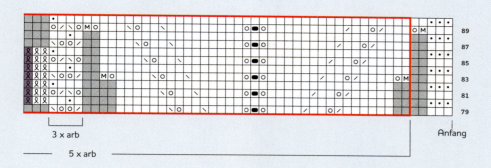
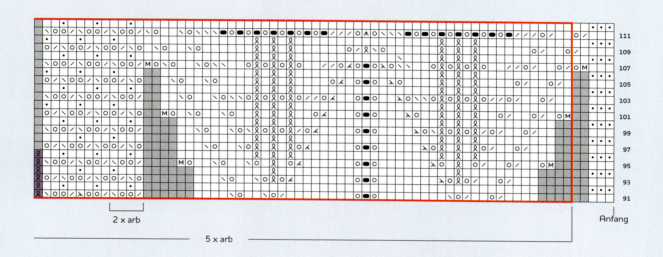
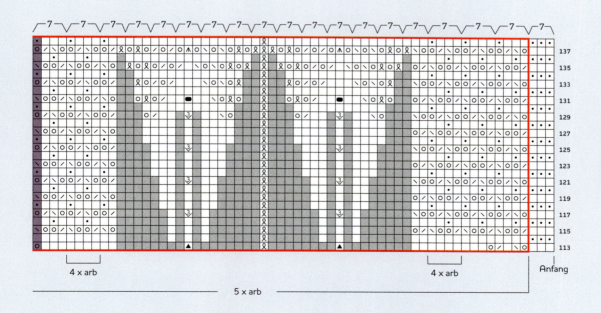

Europa: Elbrus

Tuch Persischer Sonnenaufgang

Obwohl sich die Experten uneinig sind, inwieweit der Kaukasus zu Europa oder zu Asien gehört, stimmen doch die meisten darin überein, dass der Elbrus mit einer Höhe von 5642 m die höchste Erhebung des europäischen Kontinents ist. Die Erstbesteigung ist für das Jahr 1874 dokumentiert. Der Berg, der in der griechischen Mythologie als Gefängnis des Prometheus galt, ist ein erloschener Vulkan, der letztmalig wohl um das Jahr 100 n. Chr. ausgebrochen ist.

Das Schultertuch ist ein Dreieck mit Lacemotiven, die sich nach Belieben austauschen lassen. Sie können die 13.-23. Reihe von Strickschrift A und Strickschrift B ganz nach Geschmack kombinieren, denn stets wird ein Muster ins andere übergehen. Sie können das Modell auch so groß stricken, wie Sie möchten, indem Sie zusätzliche Rapporte von Strickschrift A (13.-32. Reihe) und/oder Strickschrift B (1.-20. Reihe) hinzufügen. Allein Ihr Garnvorrat setzt Ihnen da Grenzen. Wenn Sie das Dreieck als modulares Modell betrachten, können Sie einige der Ideen aus dem letzten Kapitel ausprobieren. Die Anleitung bezieht sich auf zwei Versionen dieses Projekts, aber Sie können die Strickschriften nach Lust und Laune kombinieren.

Größe
Breite: 143,5 cm
Länge: 68,5 cm

Garn
SweetGeorgia Merino Silk Lace (50 % Merinowolle, 50 % Seide; LL 700 m/100 g) in **A** Saffron (Gelb) und **B** Dutch (Orange), je 100 g

Perlen
30 g japanische Miyuki-Rocailles, Größe 8/0, goldfarben galvanisiert

Nadeln und Hilfsmittel
- Rundstricknadel 3–3,5 mm
Verwenden Sie gegebenenfalls etwas dickere oder dünnere Nadeln, um die richtige Maschenprobe zu erzielen.
- Hilfsgarn, glatt
- Häkelnadel 0,6 mm (oder andere Stärke passend zu den Perlen)
- Maschenmarkierer
- Wollnadel
- T-Stecknadeln, rostfrei
- Spannunterlage
- Spanndraht, 155 cm lang

Maschenprobe
20 M glatt re = 10 cm breit (nach dem Spannen und Abnehmen

Hinweise
Perlen einstricken: Siehe Techniken, Seite 14. Die Randm nicht abheben! Dieses Modell soll frei gespannt werden, und abgehobene Randm ergeben eine weniger elastische Kante.

Die Angaben für Version 1 stehen vor dem Schrägstrich, die für Version 2 dahinter. Version 1 ist überwiegend nach Strickschrift A in Fb A (Saffron) mit Akzenten nach Strickschrift B in Fb B (Dutch) gearbeitet. Bei Version 2 ist es genau umgekehrt: Das Tuch wird überwiegend nach Strickschrift B in Fb B (Dutch) mit Akzenten nach Strickschrift A in Fb A (Saffron) gearbeitet. Die Materialangaben für Garn und Perlen sind für beide Versionen gleich.
Wenn die 13.–32. R von Strickschrift A/die 1.–20. R von Strickschrift B zum ersten Mal gearbeitet ist, wird bei jeder folg Wiederholung dieser R der 10-M-Rapport bei jeder Hälfte des Tuchs 2 x öfter wiederholt.

Anleitung

3 M in Fb A/B mit einem Hilfsfaden provisorisch anschl (siehe Techniken, Seite 16).
7 R re M str.
Nächste Reihe: 3 M re, die Arbeit nicht wenden, sondern um 90 Grad nach rechts drehen, dann aus der linken Kante 3 M aufnehmen und li str (= 1 M aus jeder Krausrippe). Die Arbeit wieder um 90 Grad nach rechts drehen, die 3 M des provisorischen Anschlags aufnehmen und re str, den Hilfsfaden entfernen (= 9 M).
Die Arbeit wenden.
1. Reihe (Hinr): Am rechten Rand beginnend, die 1. R der Strickschrift A arb (= 4 M zugenommen).
2. Reihe (Rückr): Am linken Rand beginnend, die 2. R der Strickschrift A arb.
Die 3.–12. R in der gegebenen Mustereinteilung str (= 33 M).
3 x die 13.–32. R der Strickschrift A/die 1.–20. R der Strickschrift B arb (= 153 M).
In Fb A (beide Versionen) die 1.–10. R der Strickschrift B/die 13.–32. R der Strickschrift A 1 x arb (= 173/193 M).

Nur Version 1:
Zu Fb B wechseln. 1 x die 11.–20. R der Strickschrift B arb (= 193 M).

Beide Versionen:
Zu Fb A/B wechseln. 3 x die 13.–32 R der Strickschrift A/die 1.–20. R der Strickschrift B arb (= 313 M).

Nur Version 1
1 x die 1.–10. R der Strickschrift B arb (= 20 M zugenommen).
Zu Fb B wechseln. 1 x die 11.–20. R der Strickschrift B arb (= 353 M).

Nur Version 2:
1 x die 13.–32. R der Strickschrift A arb (= 353 M).

Beide Versionen:
In Fb A/B 1 x die 1.–10. R der Strickschrift C arb (= 441 M).
In Fb A/B die Kante mit Strickpaspel abk wie folgt:
2 M durch Aufstricken neu anschl (siehe Techniken, Seite 16) und auf die linke Nd legen.

Nächste Reihe: Den Faden fest über die Rückseite der Arbeit ziehen, 3 M re str, die soeben gestrickten 3 M zurück auf die linke Nd heben.
Nächste Reihe: Den Faden fest über die Rückseite der Arbeit ziehen, 2 M re, 2 M re zusstr, die soeben gestrickten 3 M zurück auf die linke Nd heben.
Die letzten 2 R bis zu den letzten 3 M stets wdh.
Nächste Reihe: 3 M re verschr zusstr. Den Faden bis auf ein 25 cm langes Ende abschneiden; das Fadenende durch die verbleibende M ziehen.

Fertigstellung

Die Fadenenden vernähen, aber noch nicht abschneiden. Die Strickarbeit ca. 30 Minuten in kaltem Wasser einweichen, ausdrücken und in ein Handtuch einrollen, um möglichst viel Wasser zu entfernen.
Den Spanndraht durch alle vertikalen M-Glieder der kraus re M an der Oberkante des Tuches führen. Das Tuch nach den beim Schnitt auf Seite 91 angegebenen Maßen spannen, dabei jede Zackenspitze vom Inneren der Strickpaspel aus aufstecken, sodass die M-Säulen gerade und gleichmäßig ausfallen. Das Tuch vollständig trocknen lassen. Es entspannt sich nach dem Entfernen der Stecknadeln und zieht sich auf die unter „Größe" angegebenen Maße zusammen. Die Fadenenden abschneiden.

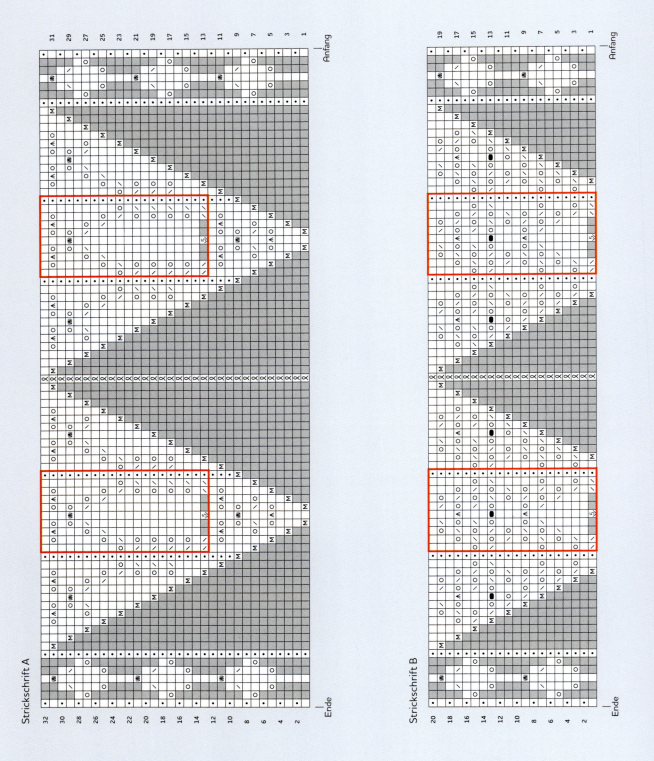

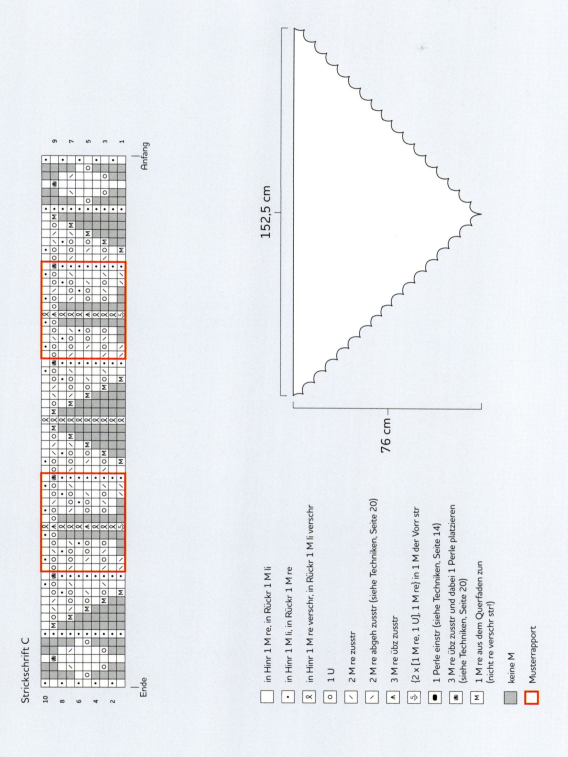

Afrika: Kilimandscharo

Tuch Usambaraveilchen

Der Kilimandscharo ist die höchste Erhebung auf dem afrikanischen Kontinent. Das Massiv besteht aus drei erloschenen Vulkanen – Kibo, Mawenzi und Shira –, liegt im Nordosten Tansanias und gilt als höchster freistehender Gebirgszug der Welt. Der mit 5895 m höchste Gipfel ist der Kibo, der im Jahr 1889 zum ersten Mal bestiegen wurde.

Dieses Tuch ist mit typischen Lace-Elementen wie Perlen und Flachnoppen gestaltet. Das Muster erinnert an Flora und Fauna mit Blättern, Federn, Beeren, Blüten und Spinnennetzen. Ein Projekt für Lacestrickerinnen, die eine echte Herausforderung suchen!

Größe
Breite: 89 cm
Höhe: 43 cm (in der hinteren Mitte)

Garn
Knitwhits Freia Handpaints Ombre Lace (75 % Wolle, 25 % Polyamid; LL 590 m/75 g) in Grapevine, 75 g (= 1 Strang)

Perlen
20 g japanische Toho-Rocailles, Größe 8/0, in Rainbow Rosaline mit violettem Farbeinzug

Nadeln und Hilfsmittel
- Rundstricknadel 2,5–3 mm, 100 cm lang
Verwenden Sie gegebenenfalls etwas dickere oder dünnere Nadeln, um die richtige Maschenprobe zu erzielen.
- Hilfsgarn, glatt
- Häkelnadel 0,6 mm (oder andere Stärke passend zu den Perlen)
- Häkelnadel 1,75 mm zum Abhäkeln der Maschen
- Maschenmarkierer (optional)
- Wollnadel
- T-Stecknadeln, rostfrei
- Spannunterlage
- Spanndraht, 150 cm lang

Maschenprobe
24 M glatt re = 10 cm breit (nach dem Spannen und Abnehmen)
Nehmen Sie sich die Zeit für eine Maschenprobe, damit Ihnen nicht am Ende das Garn ausgeht.

Hinweise
Perlen einstricken: Siehe Techniken, Seite 14.
Die Randm nicht abheben! Dieses Modell soll frei gespannt werden, und abgehobene Randm ergeben eine weniger elastische Kante.
Maschen gruppenweise mit der Häkelnd abk: Siehe Techniken, Seite 15.
Flachnoppen: Siehe Techniken, Seite 27.

Anleitung

3 M mit dem Hilfsfaden provisorisch anschl (siehe Techniken, Seite 16).
17 M re str.
Nächste Reihe: 3 M re; die Arbeit nicht wenden, sondern um 90 Grad nach rechts drehen, dann aus der Seitenkante 8 M aufnehmen und li str (1 M aus jeder Krausrippe), die Arbeit wieder um 90 Grad nach rechts drehen und aus dem provisorischen M-Anschlag 3 M aufnehmen und re str; den Hilfsfaden entfernen (= 14 M). Die Arbeit wenden.
1. Reihe (Hinr): Am rechten Rand beginnend, die 1. R der Strickschrift A arb (= 9 M zugenommen).
2. Reihe (Rückr): Am linken Rand beginnend, die 2. R der Strickschrift A arb.
Die 3.–32. R nach Strickschrift A in der gegebenen Einteilung arb (= 141 M).
Die 33.–48. R nach Strickschrift B arb (= 271 M).
Die 49.–88. R nach Strickschrift C arb (= 409 M).
Die 89.–124. R nach Strickschrift D arb (= 573 M).
Abkettreihe (Hinr): Mit der dickeren Häkelnd die M gruppenweise abk wie folgt: 3 M zusammenfassen, * 6 Lm, 3 M zusammenfassen, den Faden durch alle Schlingen auf der Häkelnd ziehen; ab * fortlfd wdh bis R-Ende. Den Faden bis auf ein 25 cm langes Ende abschneiden; das Fadenende durch die verbleibende M ziehen.

Fertigstellung

Die Fadenenden vernähen, aber noch nicht abschneiden. Die Strickarbeit ca. 30 Minuten in kaltem Wasser einweichen, ausdrücken und in ein Handtuch einrollen, um möglichst viel Wasser zu entfernen.
Den Spanndraht durch die M der kraus re gestrickten Oberkante führen. Das Tuch nach den beim Schnitt auf Seite 96 angegebenen Maßen spannen. Dabei jeden Lm-Bogen der Abkettkante einzeln aufstecken. Das Tuch vollständig trocknen lassen. Es entspannt sich nach dem Entfernen der Stecknadeln und zieht sich auf die unter „Größe" angegebenen Maße zusammen. Die Fadenenden abschneiden.

Strickschrift A

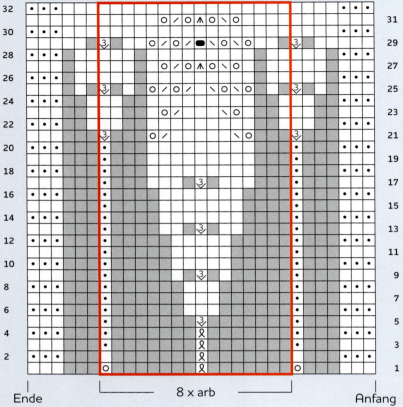

Ende   8 x arb   Anfang

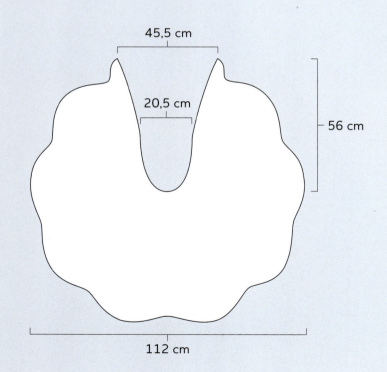

□ in Hinr 1 M re, in Rückr 1 M li

• in Hinr 1 M li, in Rückr 1 M re

⌀ in Hinr 1 M re verschr, in Rückr 1 M li verschr

○ 1 U

╱ 2 M re zusstr

╲ 2 M re abgeh zusstr (siehe Techniken, Seite 20)

⋀ 3 M re übz zusstr

⋋ 3 M re zusstr (siehe Techniken, Seite 20)

⋌ 3 M re abgeh zusstr (siehe Techniken, Seite 21)

⇣3 [1 M re, 1 M re verschr, 1 M re] in 1 M der Vorr str

⇣5 {2 × [1 M re, 1 M li], 1 M re} in 1 M der Vorr str

⇣7 {3 × [1 M re, 1 M li], 1 M re} in 1 M der Vorr str

⇡ 3 M re abgeh zusstr, 4 M re zusstr, die 2. M über die 1. M ziehen

■ 1 Perle einstr (siehe Techniken, Seite 14)

M 1 M re aus dem Querfaden zun (nicht re verschr str!)

⌐X⌐ M gruppenweise abk mit der Häkelnd, wie durch die Klammer angegeben (siehe Techniken, Seite 15), dann die angegebene Zahl an Lm häkeln

▓ keine M

▭ Musterrapport

Strickschrift B

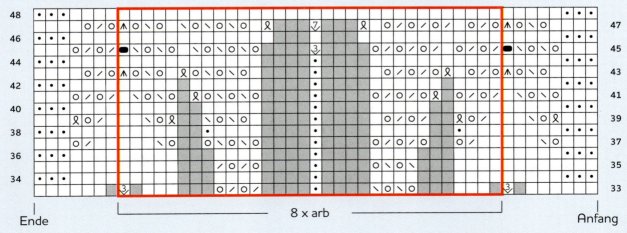

Ende — 8 × arb — Anfang

Strickschrift C

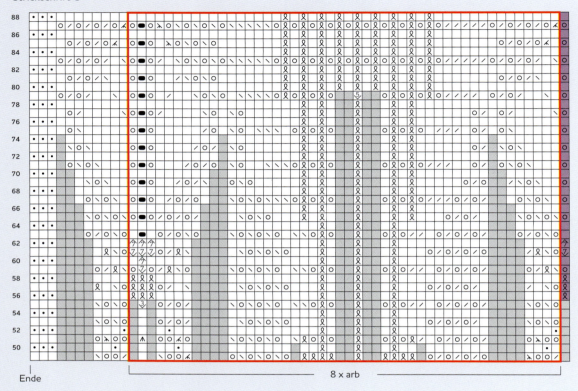

Ende — 8 x arb

Strickschrift D

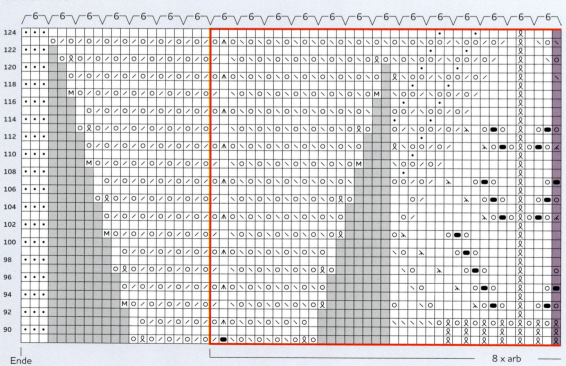

Ende — 8 x arb

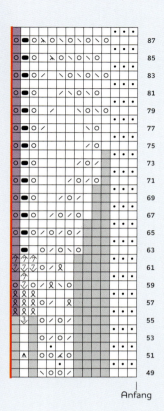

Hinweis: Die violett unterlegten Maschen sind in beide Teile dieser Strickschrift eingezeichnet, um Ihnen das Arbeiten am Übergang der Grafiken zu erleichtern; die so markierten Maschen nur 1 x arb.

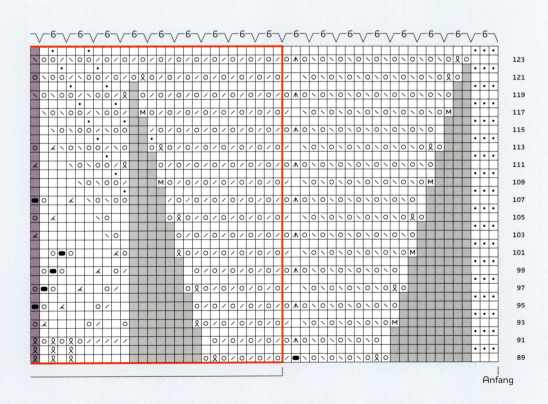

Nordamerika: Mount McKinley (Denali)
Stola Denali

Denali ist ein Wort aus der athabaskischen Sprache und bedeutet „der Hohe". Bis zu seiner Umbenennung im Jahr 2015 hieß der mit 6168 m höchste Berg Nordamerikas offiziell Mount McKinley. Die erste, gut dokumentierte Besteigung erfolgte 1913; der erste Aufstieg über die heute bevorzugte West-Buttress-Route gelang 1951. Auf dem Gipfel kann es extrem kalt werden, die Temperaturen können auf −59 °C fallen, mit Windchill-Effekt sind das −83 °C. Da heißt es warm anziehen!

Dieses Projekt beginnt in der Mitte und zeigt große perlenverzierte Motive. Die „Flügel" mit dem Sechseck-Netzmuster werden von gegenüberliegenden Seiten nach außen gearbeitet. Zuletzt wird die Blätterborte an beide Längsseiten angestrickt und an den Spitzen beendet.

Größe
45,5 cm x 167,5 cm

Garn
A Verb for Keeping Warm Reliquary II (80 % superfeine Merinowolle, 20 % Seide; LL 800 m/100 g) in Succulent, 100 g

Perlen
20 g japanische Toho-Rocailles, Größe 8/0, in Antik-Goldmetallic mit olivgrünem Farbeinzug

Nadeln und Hilfsmittel
- Nadelspiel 2,5 mm
- Rundstricknadeln 2,5 mm, 40 cm, 60 cm, 80 cm und 100 cm lang
Verwenden Sie gegebenenfalls etwas dickere oder dünnere Nadeln, um die richtige Maschenprobe zu erzielen.
- Hilfsgarn, glatt
- Häkelnadel 0,6 mm (oder andere Stärke passend zu den Perlen)
- Maschenmarkierer, darunter ein verschließbarer (optional)
- Stricknadel-Stopper
- Zopfnadel (optional)
- Maschenraffer, klein
- Wollnadel
- T-Stecknadeln, rostfrei
- Spannunterlage
- 4 lange, flexible Spanndrähte

Maschenprobe
20 M glatt re = 10 cm breit (nach dem Spannen und Abnehmen)

Hinweise
Perlen einstricken: Siehe Techniken, Seite 14. Umgang mit den doppelten Umschlägen am Rd-Beginn (in den ungeraden Rd der 3.–35. und der 45.–55. sowie in der 63., 67. und 71. Rd): Siehe Techniken, Seite 22.

Was den Einsatz von MM betrifft, wenn der Rd-Beginn sich verschiebt, finde ich es einfacher, nur 1 MM am Rd-Beginn zu verwenden. Wenn Sie nach jedem Musterrapport einen MM einhängen wollen, empfehle ich Folgendes: Hängen Sie erstens einen speziellen MM am Rd-Beginn ein, denn dieser eine ist der entscheidende. Zweitens verfahren Sie mit jedem weiteren MM wie mit dem am Rd-Beginn (siehe Hinweis weiter oben). Wenn ein doppelter U oder eine doppelte Abn über den MM hinweg gearbeitet wird, müssen Sie sich 1 M vom nächsten Rapport „leihen" und deshalb den MM um 1 M versetzen und nach der jeweiligen Aktion wieder an die ursprüngliche Stelle zurückversetzen.

Alle Rd und R des Musters sind in den Strickschriften gezeichnet. Manche Teile der Stola werden in der Rd, andere in Hin- und Rückr gearbeitet. Beim Str in Rd alle R der Strickschrift von rechts nach links lesen; es gibt keine Rückr. Beim Str in Hin- und Rückr die Hinr von rechts nach links, die Rückr von links nach rechts lesen.

Die Randm nicht abheben! Dieses Modell soll frei gespannt werden, und abgehobene Randm ergeben eine weniger elastische Kante.

Verwenden Sie beim Str mit dem Ndspiel das Fadenende vom M-Anschlag zum Markieren des Rd-Beginns. Alternativ können Sie auch einen verschließbaren MM einsetzen.

2 M ldr: Siehe Techniken, Seite 27.

Am Beginn und am Ende sowie zwischen den Rapporten der 60. R wird eine Verzopfung gestrickt: Den MM am Rd-Beginn entfernen. 1 M re str. * Mustergemäß str bis 1 M vor Ende des Musterrapports der Strickschrift, die 2. M auf der linken Nd str, wie unter „Techniken" (Seite 27) beschrieben, aber noch nicht von der Nd gleiten lassen, die 1. M re str, dann beide M von der linken Nd gleiten lassen; ab * noch 2 x wdh. Mustergemäß str bis 1 M vor Rd-Ende. Diese M auf die rechte Nd abh, den MM entfernen, die M zurück auf die linke Nd heben. Die letzte Verzopfung arb. 1 M auf die linke Nd heben, den MM für den Rd-Beginn auf die rechte Nd heben. Mit der 61. R beginnen.

Anleitung

Mittelquadrat

Mit dem Ndspiel im Kreuzanschlag 8 M anschl (siehe Techniken, Seite 17) und gleichmäßig auf 4 Nd verteilen (= 2 M je Nd). Den Rd-Beginn mit dem Anfangsfaden oder einem verschließbaren MM kennzeichnen und die Arbeit zur Rd schließen, ohne die M zu verdrehen.

Nächste Runde: Alle M re verschr str.

Nächste Runde: Die 1. R der Strickschrift A arb wie folgt: 4 x [1 M re verschr, 1 U, 1 M re verschr] (= 4 M zugenommen). Die 2.–72. R nach Strickschrift A arb (= 304 M). Sobald die M-Zahl für das Ndspiel zu groß wird, zur kürzesten Rundstricknd wechseln und später jeweils eine längere Rundstricknd verwenden, wenn das Str mit der jeweiligen Nd zu unbequem wird. (Lesen Sie die Hinweise zum Str doppelter Umschläge am Beginn bzw. Ende von Rd und Rapporten.)

Den Faden bis auf ein 25 cm langes Ende abschneiden. 38 M auf die rechte Nd abh. Einen Nadelstopper auf die rechte Nd setzen.

1. Seitenteil

Von der rechten Seite der Arbeit den Faden an der linken Nd ansetzen.

Nächste Reihe (Hinr): Mit der 60 cm langen Rundstricknd über die nächsten 76 M die 1. R der Strickschrift B arb. Den 2. Nadelstopper auf die linke Spitze der längeren Rundstricknd setzen und diese restl 228 M stilllegen.

* **Nächste Reihe (Rückr):** Nur über die 76 M auf der 60 cm langen Rundstricknd die 2. R der Strickschrift B arb wie folgt: Am linken Rand der Strickschrift beginnen, die 2 M vor dem markierten Rapport arb, den markierten 4-M-Rapport fortlfd wdh bis zu den letzten 2 M, mit den 2 M nach dem Rapport am rechten Rand der Strickschrift enden. Die 3. und 4. R arb, dann die 1.–4. R noch 33 x wdh.

Nächste Reihe (Hinr; Abn-R): Die 1. R der Strickschrift C arb wie folgt: Am rechten Rand der Strickschrift beginnen, die ersten 7 M vor dem markierten Rapport arb, den Rapport von 4 M bis zu den letzten 8 M der R fortlfd wdh, mit den 7 M nach dem markierten Rapport am linken Rand der Strickschrift enden (= 2 M abgenommen).

Die 2.–8. R arb, dann die 1.–8. R noch 7 x wdh (= 12 M).
1 x die 9.–16. R arb (= 4 M).

Nächste Reihe (Hinr; Abn-R): 2 M re abgeh zusstr, 2 M re zusstr (= 2 M).

Nächste Reihe: Re M str.

Nächste Reihe (Abn-R): 2 M re verschr zusstr. Den Faden bis auf ein 25 cm langes Ende abschneiden; das Fadenende durch die verbleibende M ziehen.*
Von der rechten Seite der Arbeit 76 M auf einen Hilfsfaden übertragen, die nächsten 76 M auf die 60 cm lange Rundstricknd auffassen und die verbleibenden 76 M auf einen Hilfsfaden nehmen.
Den Faden von der rechten Seite der Arbeit an den M auf der Nd anschlingen (1. R = Hinr) und die 1. R der Strickschrift B über die 76 M arb. Von * bis * wdh, um die 2. Seite fertigzustellen.

Blende
Hinweis: Beim Aufnehmen der M aus spitz zulaufenden Kanten der Stola das vertikale M-Glied der kraus re M mit der rechten Nd aus der Kante aufnehmen. Vergewissern Sie sich, dass entlang jeder Längsseite 212 R gearbeitet wurden, und nehmen Sie aus jeweils 2 R 1 M auf.
* Mit der 100 cm langen Rundstricknd von der rechten Seite der Arbeit an der rechten Spitze beginnend 106 M aus der 1. Längskante bis zu den stillgelegten M aufnehmen, die 76 stillgelegten M vom Hilfsfaden auf einer Seite des Mittelquadrats auf die rechte Nd nehmen, dann weitere 105 M aus dem Rest dieser Längsseite aufnehmen (= 287 M).
Die Arbeit wenden. 4 M mit einem Hilfsfaden provisorisch anschl (siehe Techniken, Seite 16).
Nächste Reihe (Hinr): 3 der soeben neu angeschlagenen M re str, 2 M re verschr zusstr (= die letzte neu angeschlagene M und 1 M der Stola); wenden.
Nächste Reihe (Rückr): 1 M re, 1 M li, 2 M re; wenden.
Nächste Reihe: Die 1. R der Strickschrift für die Blende arb wie folgt: 2 M re, 1 U, 1 M re verschr, 1 U, 2 M re zusstr (= letzte Blenden-M und nächste M der Stola); wenden.
Nächste Reihe: Die 2. R der Strickschrift für die Blende arb.

Die 3.–26. R der Blende weiterstr, dann die 1.–26. R noch 21 x wdh, dabei beim letzten Rapport die Perle in der 25. R weglassen (= 4 M).*
Den Faden bis auf ein ca. 45 cm langes Ende abschneiden. Die restl 4 M auf einem Maschenraffer stilllegen.
Von * bis * für die Blende der 2. Längsseite wdh, jedoch am Ende den Faden nicht abschneiden.

Spitze
Von der rechten Seite der Arbeit den provisorischen M-Anschlag am Beginn der Blende an der 1. Seite auflösen und die 4 M auf die rechte Nd heben (= 8 M).
* **Nächste Reihe (Hinr; Abn-R):** 2 M re, 2 M re abgeh zusstr, 2 M re zusstr, 2 M re (= 6 M).
Nächste Reihe: 2 M re, 2 M li, 2 M re.
Nächste Reihe (Abn-R): 1 M re, 2 M re abgeh zusstr, 2 M re zusstr, 1 M re (= 4 M).
Nächste Reihe: Re M str.
Nächste Reihe (Abn-R): 2 M re abgeh zusstr, 2 M re zusstr (= 2 M).
Nächste Reihe (Abn-R): 2 M re zusstr (= 1 M). Den Faden bis auf ein 25 cm langes Ende abschneiden; das Fadenende durch die verbleibende M ziehen.*
Die 4 stillgelegten M am anderen Ende der Stola auf eine Spielstricknd auffassen, den provisorischen M-Anschlag am Beginn der Blende der 2. Längsseite auflösen und die 4 M auf dieselbe Nd nehmen (= 8 M).
Von der rechten Seite der Arbeit mit dem langen Fadenende die 2. Spitze wie die 1. Spitze von * bis * str.

Fertigstellung
Die Fadenenden vernähen, aber noch nicht abschneiden. Die Strickarbeit ca. 30 Minuten in kaltem Wasser einweichen, ausdrücken und in ein Handtuch einrollen, um möglichst viel Wasser zu entfernen.
Je 2 Spanndrähte durch die Krausrippen entlang der beiden Längsseiten der Stola führen. Die Stola gemäß den beim Schnitt (Seite 105) angegebenen Maßen spannen und dabei jedes Blatt aufstecken, sodass eine Bogenkante entsteht, und die Spitzen der Stola an den Kreuzungspunkten der Spanndrähte spannen. Die Stola vollständig trocknen lassen. Sie entspannt sich nach dem Entfernen der Stecknadeln und zieht sich auf die unter „Größe" angegebenen Maße zusammen. Die Fadenenden abschneiden.

Strickschrift A

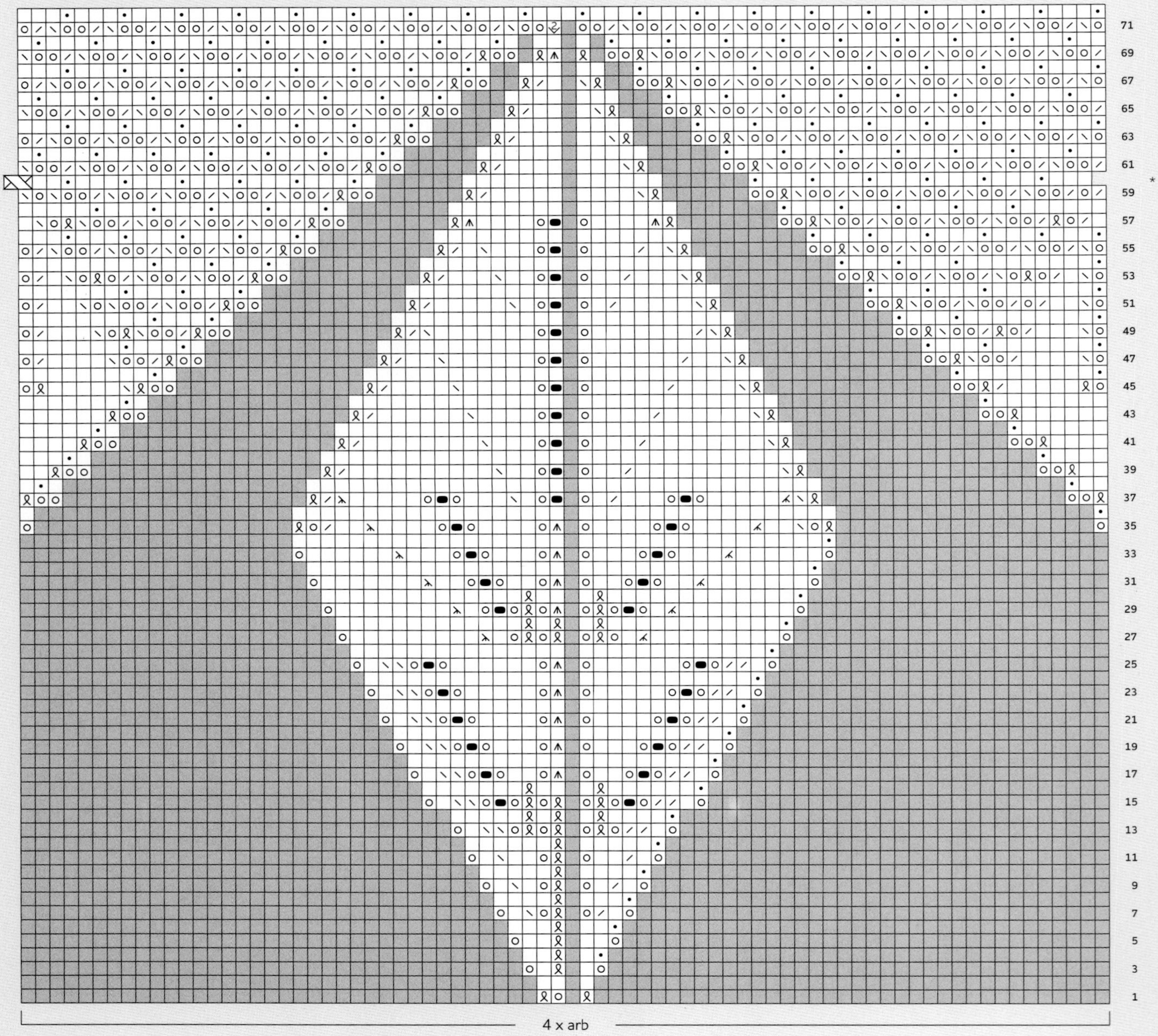

4 x arb

* Zur Verzopfung am Beginn einer Rd bzw.
eines Rapports siehe Hinweis auf Seite 102.

Strickschrift B

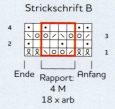

Strickschrift C

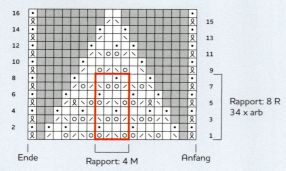

Strickschrift für die Blende

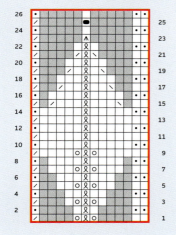

	in Hinr 1 M re, in Rückr 1 M li
	in Hinr 1 M li, in Rückr 1 M re
	in Hinr 1 M re verschr, in Rückr 1 M li verschr
	1 U
	2 M re zusstr
	2 M re abgeh zusstr (siehe Techniken, Seite 20)
	3 M re zusstr (siehe Techniken, Seite 20)
	3 M re abgeh zusstr (siehe Techniken, Seite 21)
	3 M re übz zusstr (siehe Techniken, Seite 20)
	[1 M re, 1 M re verschr, 1 M re] in 1 M der Vorr str
	[1 M re, 1 U, 1 M re] in 1 M der Vorr str
	1 Perle einstr (siehe Techniken, Seite 14)
	2 M ldr (siehe Techniken, Seite 27)
	keine M
	Musterrapport

51 cm

172,5 cm

Südamerika: Aconcagua

Tuch Indiecita

Der Aconcagua in den argentinischen Anden ist mit 6961 m die höchste Erhebung auf dem südamerikanischen Kontinent. Die dokumentierte Erstbesteigung gelang 1897 einer britischen Expedition. Seitdem ist der Aconcagua ein beliebtes Ziel unter Bergsteigern, und der jüngste, der bis 2013 auf seinem Gipfel stand, war gerade einmal neun Jahre alt. Der älteste, im Jahr 2007 dokumentierte Bergsteiger war bereits 87 Jahre alt.

Für dieses Projekt gibt es eine Anleitung für eine Version aus handgesponnenem Garn und eine Anleitung für ein industriell hergestelltes Garn mit der gleichen Faserzusammensetzung. Bei der handgesponnenen Version werden nur wenige, bei der Version aus käuflichem Garn reichlich Perlen verwendet. Außerdem können Sie unter zwei Abkettmethoden wählen. Die „Augenbrauentechnik" erfordert mehr Zeit und mehr Garn, doch die Mühe lohnt sich. Beim Tuch aus handgesponnenem Garn wurden die Maschen gruppenweise mit der Häkelnadel abgekettet, bei der Variante aus Lacegarn in „Augenbrauentechnik".

Größe

Handgesponnene Version: Breite 103 cm; Höhe 49,5 cm in der hinteren Mitte
Version aus Malabrigo Lace: Breite 91,5 cm; Höhe 44,5 cm in der hinteren Mitte

Spinnmaterial

Malabrigo Nube (100 % Merinowoll-Kammzug; 113 g) in Indiecita (Fb NUB416)
Fallspindel, 25–28 g
Niddy-Noddy (Kreuzhaspel), klein, um das mit der Spindel gesponnene Garn zum Strang zu wickeln

oder

Garn

Malabrigo Lace (100 % Babymerino-Wolle; LL 430 m/50 g) in Molly (Fb LMBB039), 100 g

Perlen

Für die Version aus handgesponnenem Garn:
21 japanische Rocailles, Größe 8/0, in Miyuki silberfarben galvanisiert
Für die Version aus Malabrigo Lace:
20 g japanische Rocailles, Größe 8/0, in Matsumo 823 Pink/Zimt transparent mit Goldlüster

Nadeln und Hilfsmittel

- Rundstricknadel 2,5–3 mm, 100 cm lang
- Hilfsgarn, glatt, für den provisorischen Anschlag

Verwenden Sie gegebenenfalls etwas dickere oder dünnere Nadeln, um die richtige Maschenprobe zu erzielen.

- Häkelnadel 0,6 mm (oder andere Stärke passend zu den Perlen)
- Häkelnadel 1,75 mm zum Abhäkeln der Maschen
- Maschenmarkierer (optional)
- Wollnadel
- T-Stecknadeln, rostfrei
- Spannunterlage
- 3 flexible Spanndrähte, 155 cm lang

Maschenprobe

20 M und 32 R glatt re = 10 cm x 10 cm (nach dem Spannen und Abnehmen)

Hinweise

Perlen einstricken: Siehe Techniken, Seite 14.
Maschen gruppenweise mit der Häkelnadel abketten: Siehe Techniken, Seite 15.
Die Randmaschen nicht abheben! Dieses Modell soll frei gespannt werden, und abgehobene Randmaschen ergeben eine weniger elastische Kante.

Spinnanleitung

Vor dem Spinnen den Kammzug auseinanderwickeln und einen langen, dünnen Streifen abziehen. Den Streifen ausdünnen, indem Sie Stück für Stück Abschnitte erfassen und in die Länge ziehen, um die Fasern aufzulockern und den Streifen so dünn und fein auszuziehen zu können, wie es zweckmäßig ist. Tipp: Für die erste Spindel voll Garn verwenden Sie ein möglichst dünnes Faserband, das sich bequem verarbeiten lässt; anschließend machen Sie das Faserband jedes Mal ein bisschen dicker, damit Sie einen längeren Faden in der jeweiligen Farbe spinnen können und die Farben beim Stricken Streifen bilden. Die Strickreihen werden während der Arbeit immer länger, deshalb ist diese Spinnmethode sinnvoll, bei der auch der Farbverlauf länger wird. Verspinnen Sie einen ganzen Streifen mit einer leichten Fallspindel.
Die Spindelkops in Andentechnik zu einem gleichmäßigen, zweifädigen Lacegarn verzwirnen.
Das Garn auf eine kleine Niddy-Noddy (Kreuzhaspel) aufwickeln, die Enden sichern, den Strang in kaltem Wasser einweichen und unbeschwert trocknen lassen.
So mit jedem weiteren Faserband verfahren.
Die Stränge in der Reihenfolge verstricken, in der sie gesponnen wurden, und jeden neuen Strang mit dem vorhergehenden verbinden. Sie können die Fäden durch Spleißen verbinden oder die Enden über 3 Maschen hinweg überlappen lassen und später vernähen.

Strickanleitung

3 M mit dem Hilfsfaden provisorisch anschl (siehe Techniken, Seite 16).
11 R re M str.
Nächste Reihe: 3 M re str; die Arbeit nicht wenden, sondern um 90 Grad nach rechts drehen, aus der linken Seitenkante 5 M aufnehmen und li str (1 M aus jeder Krausrippe), die Arbeit noch einmal um 90 Grad nach rechts drehen und 3 M aus dem provisorischen M-Anschlag aufnehmen, dabei den Hilfsfaden entfernen (= 11 M).
Die Arbeit wenden.
Nächste Reihe (Zun-R): 3 M re, 5 x [1 M re, 1 M re verschr] in die jeweils nächste M str, 3 M re (= 16 M).
Nächste Riehe: 3 M re, 10 M li, 3 M re.

Nächste Reihe (Hinr): Die 1. R der Strickschrift A arb wie folgt: Am rechten Rand der Strickschrift mit den 4 M vor dem markierten Rapport beginnen, den Rapport von 2 M 10 x arb, enden mit den 3 M nach dem markierten Rapport am linken Rand der Strickschrift (= 27 M).
Nächste Reihe: Die 2. R der Strickschrift arb, dabei am linken Rand mit den 3 M vor dem markierten Rapport beginnen, den Rapport von 2 M 10 x arb und mit den 4 M nach dem markierten Rapport am rechten Rand enden.
Die 3.–50. R nach Strickschrift A in der gegebenen Einteilung str (= 186 M).
Die 51.–82. R nach Strickschrift B arb (= 307 M).
Die 83.–110. R nach Strickschrift C arb (= 387 M).
Die 111.–140. R nach Strickschrift D arb (= 507 M).
Alle M nach einer der folg Methoden abk:
M gruppenweise mit der Häkelnd abk (siehe Techniken, Seite 15): 2 x [3 M zusammenfassen, 6 Lm], * 5 x [4 M zusammenfassen, 8 Lm], 5 M zusammenfassen, 8 Lm, 5 x [4 M zusammenfassen, 8 Lm], 5 M zusammenfassen, 8 Lm; ab * noch 8 x wdh, 5 x [4 M zusammenfassen, 8 Lm], 5 M zusammenfassen, 8 Lm, 4 x [4 M zusammenfassen, 8 Lm], 4 M zusammenfassen, 6 Lm, 3 M zusammenfassen, 6 Lm, 3 M zusammenfassen. Den Faden bis auf ein 25 cm langes Ende abschneiden; das Fadenende durch die verbleibende M ziehen.
M abk in „Augenbrauentechnik": Hinweis: Die neu anzuschlagenden M jeweils durch Aufstr anschl (siehe Techniken, Seite 17). 2 x [3 M re verschr zusstr, 6 M anschl], 5 x [4 M re verschr zusstr, 8 M anschl], 5 M re verschr zusstr, 8 M anschl, 5 x [4 M re verschr zusstr, 8 M anschl], 5 M re verschr zusstr, 8 M anschl; ab * noch 8 x wdh, 5 x [4 M re verschr zusstr, 8 M anschl], 5 M re verschr zusstr, 8 M anschl, 4 x [4 M re verschr zusstr, 8 M anschl], 4 M re verschr zusstr, 6 M anschl, 3 M re verschr zusstr, 6 M anschl, 3 M re verschr zusstr (= 1091 M).
Nächste Reihe (Rückr): Re M str.
Abkettreihe (Hinr): * 2 M re verschr zusstr, die verbleibende M zurück auf die linke Nd heben; ab * fortlfd wdh bis zu den letzten 2 M, 2 M re verschr zusstr. Den Faden bis auf ein 25 cm langes Ende abschneiden; das Fadenende durch die verbleibende M ziehen.

Fertigstellung

Die Fadenenden vernähen, aber noch nicht abschneiden. Die Strickarbeit ca. 30 Minuten in kaltem Wasser einweichen, ausdrücken und in ein Handtuch einrollen, um möglichst viel Wasser zu entfernen.
Einen langen Spanndraht durch die M der Oberkante, die beiden anderen Drähte durch die Lm- oder „Augenbrauen"-Bogen entlang der Unterkante führen. Das Tuch nach den beim Schnitt (Seite 111) angegebenen Maßen spannen, sodass sanfte Bogen entlang der Unterkante entstehen. Das Tuch vollständig trocknen lassen. Es entspannt sich nach dem Entfernen der Stecknadeln und zieht sich auf die unter „Größe" angegebenen Maße zusammen. Die Fadenenden abschneiden.

Legend

- ☐ in Hinr 1 M re, in Rückr 1 M li
- · in Hinr 1 M li, in Rückr 1 M re
- ✕ in Hinr 1 M re verschr, in Rückr 1 M li verschr
- ○ 1 U
- \ 2 M re zusstr
- / 2 M re abgeh zusstr (siehe Techniken, Seite 20)
- ⋀ 3 M re übz zusstr (siehe Techniken, Seite 20)
- ⋏ 3 M re zusstr (siehe Techniken, Seite 20)
- ⋌ 3 M re abgeh zusstr (siehe Techniken, Seite 21)
- Z 3 M re zusstr, aber noch nicht von der linken Nd gleiten lassen, 1 U, dieselben 3 M noch 1 x re zusstr
- ● 1 Perle einstr (siehe Techniken, Seite 14) Hinweis: Bei der Version aus handgesponnenem Garn nur in die 139. R Perlen einstr; in allen anderen R 1 M re str
- ⌐X⌐ 1 M re aus dem Querfaden zun (nicht re verschr str!)
- ▨ M gruppenweise abk mit der Häkelnd, wie durch die Klammer angegeben (siehe Techniken, Seite 15), dann die angegebene Zahl an Lm häkeln; alternativ in „Augenbrauentechnik" abk (siehe Seite 109)
- ☐ keine M
- ▢ Musterrapport

Strickschrift A

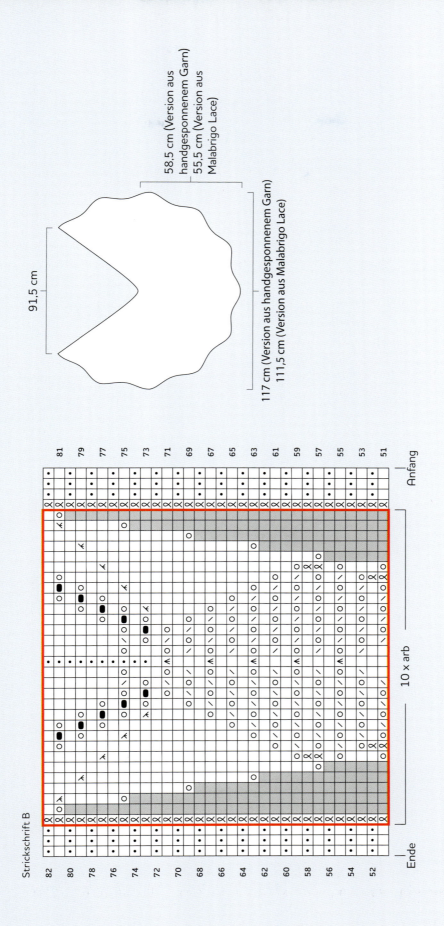

Strickschrift B

Strickschrift C

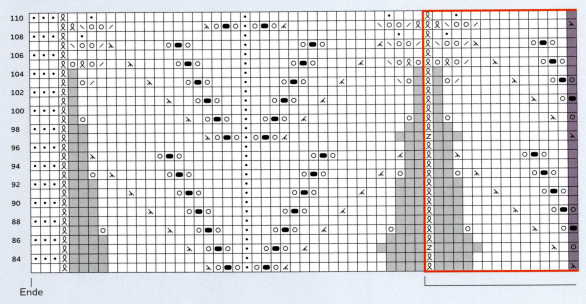

Ende

Strickschrift D

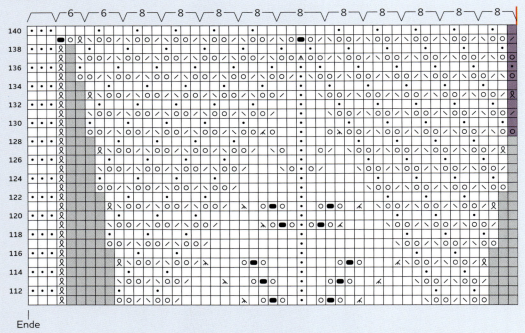

Ende

Hinweis: Die violett unterlegten Maschen sind in beide Teile dieser Strickschrift eingezeichnet, um Ihnen das Arbeiten am Übergang der Grafiken zu erleichtern; die so markierten Maschen nur 1 x arb.

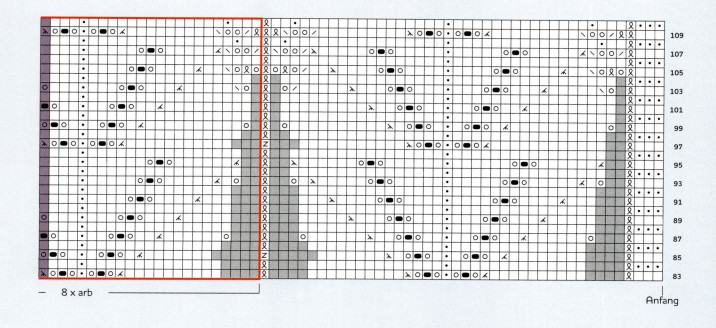
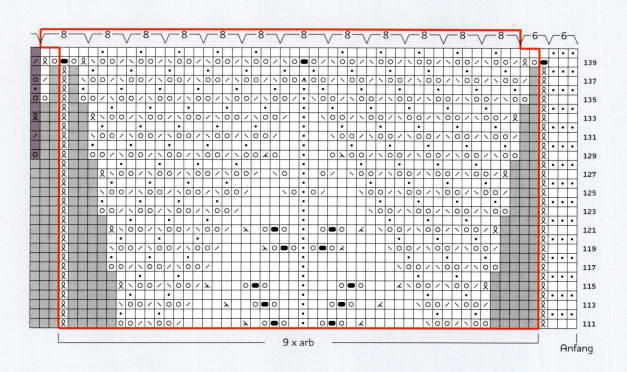

Asien: Mount Everest (Chomolungma)

Tuch Jomo Miyo Lang Sangma

Der Mount Everest (tibetischer Name: Chomolungma) ist mit 8848 m der höchste Berg der Erde. Er gehört zum Mahalangur Himal, einem Gebirgsmassiv mit mehreren Gipfeln über 7500 m Höhe. Die Erstbesteigung erfolgte 1953 durch Sir Edmund Hillary und Tenzing Norgay. Seitdem wurde der Mount Everest viele Male bestiegen.

Nach dem Glauben tibetischer Buddhisten ist der Mount Everest der Sitz der Göttin Jomo Miyo Lang Sangma. Sie ist eine der fünf „Schwestern des langen Lebens", reitet auf einem roten Tiger und beschenkt diejenigen, die es verdienen. Viele Bergsteiger rufen sie um Beistand an, bevor sie mit dem Aufstieg beginnen. Dieses Strickprojekt ist ein geschlossener Kreis, ein Mandala, wenn Sie so wollen, das Ganzheit repräsentiert.

Größe
Durchmesser 142 cm (nach dem Spannen und Abnehmen)

Garn
Jade Sapphire Khata (50 % Yakhaar, 50 % Seide; LL 640 m/100 g) in Celestial Orchid (Fb K6), 200 g

Perlen
20 g japanische Miyuki-Rocailles, Größe 8/0, in Hellsaphir transparent mit violettem Lüster

Nadeln und Hilfsmittel
- Nadelspiel 3–3,5 mm
- Rundstricknadeln 3–3,5 mm, 40 cm, 60 cm, 80 cm und 100 cm lang

Verwenden Sie gegebenenfalls etwas dickere oder dünnere Nadeln, um die richtige Maschenprobe zu erzielen.
- Hilfsgarn, glatt, für den provisorischen Anschlag
- Häkelnadel 0,6 mm (oder andere Stärke passend zu den Perlen)
- Maschenmarkierer, davon 1 verschließbar (optional)
- Wollnadel
- T-Stecknadeln, rostfrei
- Spannunterlage

Maschenprobe
24 M glatt re = 10 cm breit (nach dem Spannen und Abnehmen)

Hinweise

Perlen einstricken: Siehe Techniken, Seite 14.
Flachnoppen: Siehe Techniken, Seite 27.
Doppelter Umschlag am Beginn der 35., 39., 43., 47., 51., 56., 99., 107., 111., 115., 119., 123., 127., 131., 135., 139., 143., 147. und 188. Rd und der jeweiligen Rapporte: Siehe Techniken (Seite 22).
Verwenden Sie beim Str mit dem Ndspiel das Fadenende vom M-Anschlag zum Markieren des Rd-Beginns. Alternativ können Sie auch einen verschließbaren MM einsetzen.
2 M ldr: Siehe Techniken, Seite 27.

Besondere Techniken

1 Abk-Noppe (Abkettnoppe): Die linke Nd von vorne nach hinten unter dem Querfaden der zuletzt gestrickten und der nächsten M einstechen, {2 x [1 M re, 1 U], 1 M re} in den Querfaden str, die soeben gestrickten 5 M auf die linke Nd heben, 5 M re zusstr.

Anleitung

Mit dem Ndspiel in der Technik des Kreuzanschlags 8 M anschl (siehe Techniken, Seite 17). Den Rd-Beginn mit dem Anfangsfaden oder einem MM kennzeichnen und die Arbeit zur Rd schließen, ohne die M zu verdrehen.
Nächste Runde: Alle M re verschr str.
Weiterstr wie folgt, dabei zur 40 cm langen Rundstricknd wechseln, sobald die M-Zahl für das Ndspiel zu groß wird. Später nach und nach zu den größeren Rundstricknd wechseln.
Die 1.–56. Rd nach Strickschrift A str (= 248 M).
Die 57.–74. Rd nach Strickschrift B str (= 320 M).
Die 75.–102. Rd nach Strickschrift C str (= 448 M).
Die 103.–122. Rd nach Strickschrift D str (= 536 M).
Die 123.–150. Rd nach Strickschrift E str (= 648 M).
Die 151.–158. Rd nach Strickschrift F str (= 680 M).
Die 159.–166. Rd nach Strickschrift G str (= 712 M).
Die 167.–174. Rd nach Strickschrift H str (= 744 M).
Die 175.–186. Rd nach Strickschrift I str (= 792 M).
Die 187.–190. Rd nach Strickschrift J str (= 808 M).
Abkettrunde: 2 M re, die soeben gestrickten 2 M zurück auf die linke Nd heben, 2 M re zusstr, * 1 Abk-Noppe (siehe „Besondere Techniken" oben), die 2 M auf die linke Nd heben, 2 M re zusstr, 4 x [1 M re, die 2 M zurück auf die linke Nd heben, 2 M re zusstr]; ab * noch 18 x wdh,
1 Abk-Noppe, die 2 M zurück auf die linke Nd heben, 2 M re zusstr, 4 x [1 M re, die 2 M zurück auf die linke Nd heben, 2 M re zusstr],
** 24 x {1 Abk-Noppe, die 2 M zurück auf die linke Nd heben, 2 M re zusstr, 4 x [1 M re, die 2 M zurück auf die linke Nd heben, 2 M re zusstr]},
1 Abk-Noppe, die 2 M zurück auf die linke Nd heben, 2 M re zusstr, 4 x [1 M re, die 2 M zurück auf die linke Nd heben, 2 M re zusstr]; ab ** noch 6 x wdh,
*** 1 Abk-Noppe, die 2 M zurück auf die linke Nd heben, 2 M re zusstr, 4 x [1 M re, die 2 M zurück auf die linke Nd heben, 2 M re zusstr]; ab *** noch 3 x wdh,
1 Abk-Noppe, die 2 M zurück auf die linke Nd heben, 2 M re zusstr, 2 x [1 M re, die 2 M zurück auf die linke Nd heben, 2 M re zusstr]. Den Faden bis auf ein 25 cm langes Ende abschneiden; das Fadenende durch die verbleibende M ziehen.

Fertigstellung

Die Fadenenden vernähen, aber noch nicht abschneiden. Die Strickarbeit ca. 30 Minuten in kaltem Wasser einweichen, ausdrücken und in ein Handtuch einrollen, um möglichst viel Wasser zu entfernen.
Das Tuch auf einen Durchmesser von 152,5 cm spannen. Das Tuch entspannt sich nach dem Entfernen der Stecknadeln und zieht sich auf die unter „Größe" angegebenen Maße zusammen. Hinweis: Messen Sie den Radius jedes Segments mit einem Lineal ab, wenn Sie das Tuch erst in Vierteln, dann in Achteln aufstecken. Jedes Löchlein der letzten Lochrd so aufstecken, dass die Noppen zwischen den aufgesteckten Löchlein liegen und nach dem Entfernen der Stecknadeln Picots entlang der Kante bilden. Das Tuch vollständig trocknen lassen. Die Fadenenden abschneiden.

Tipps und Tricks

1. Markieren Sie den Rundenbeginn mit dem Anfangsfaden, wenn Sie mit dem Nadelspiel zu stricken beginnen. Sobald Sie zur Rundstricknadel übergehen, können Sie stattdessen einen „richtigen" Maschenmarkierer einsetzen.

2. Beim Stricken eines Modells mit sechs oder zwölf Segmenten verwende ich nur vier Nadeln eines Nadelspiels. Ich verteile die Maschen auf drei Nadelspiels und stricke mit der vierten. Für ein Modell mit vier oder acht Segmenten verwende ich alle fünf Nadeln eines Spiels. Dann verteile ich die Maschen auf vier Nadeln und stricke mit der fünften.

3. Wenn ich ein Modell mit vier oder acht Segmenten in Runden beginne, fange ich für die ersten paar Runden mit vier Nadeln an (3 Maschennadeln, 1 Arbeitsnadel). Wenn sich die Arbeit nicht mehr verdrehen kann, nehme ich die fünfte Nadel dazu.

4. Wie ermitteln Sie die Zahl der Segmente eines Modells, wenn Sie in Runden arbeiten? Wie oft wiederholen Sie die Strickschrift? Bei diesem Projekt arbeiten wir die Strickschrift achtmal pro Runde – es hat also acht Segmente. Für die Modelle Puncak Jaya und Denali, die ebenfalls in Runden beginnen, wird der Rapport viermal pro Runde gearbeitet. Es handelt sich also um vier Segmente.

Strickschrift A

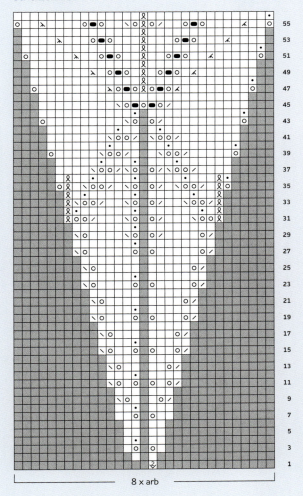

- ☐ 1 M re
- • 1 M li
- ႘ 1 M re verschr
- ○ 1 U
- ⇣ [1 M re, 1 M re verschr] in 1 M der Vorrd str
- ╱ 2 M re zusstr
- ╲ 2 M re abgeh zusstr (siehe Techniken, Seite 20)
- ⊀ 3 M re zusstr (siehe Techniken, Seite 20)
- ⊁ 3 M re abgeh zusstr (siehe Techniken, Seite 21)
- ⋀ 3 M re übz zusstr (siehe Techniken, Seite 20)
- ⚹ 4 M re abgeh zusstr
- ▨ 4 M re zusstr
- ⇣ {3 × [1 M re, 1 U], 1 M re} in 1 M der Vorr str
- ⇡ 7 M re zusstr
- ● 1 Perle einstr (siehe Techniken, Seite 14)
- ⋈ 2 M ldr (siehe Techniken, Seite 27)
- ▨ keine M
- ▢ Musterrapport

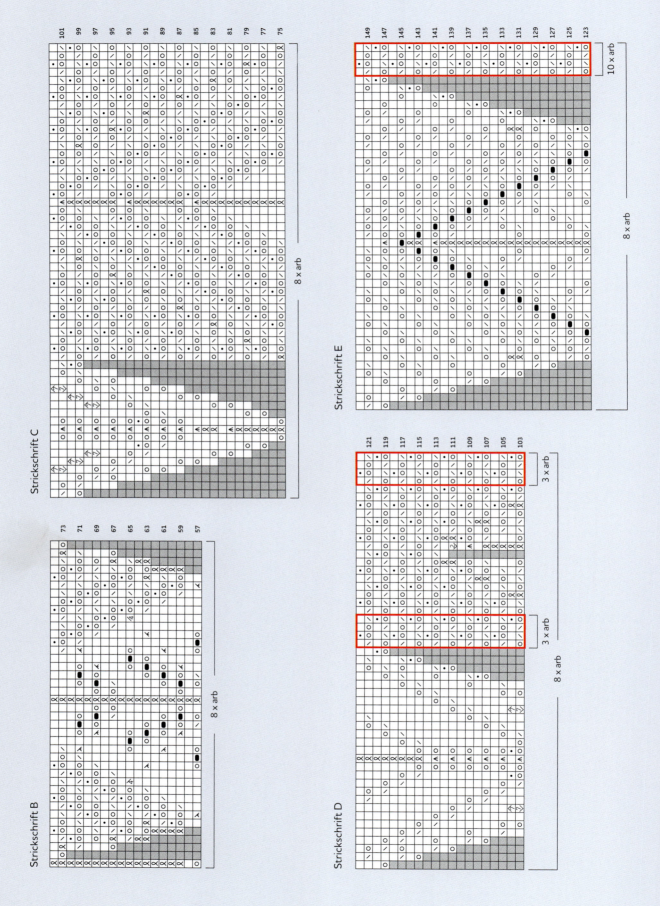

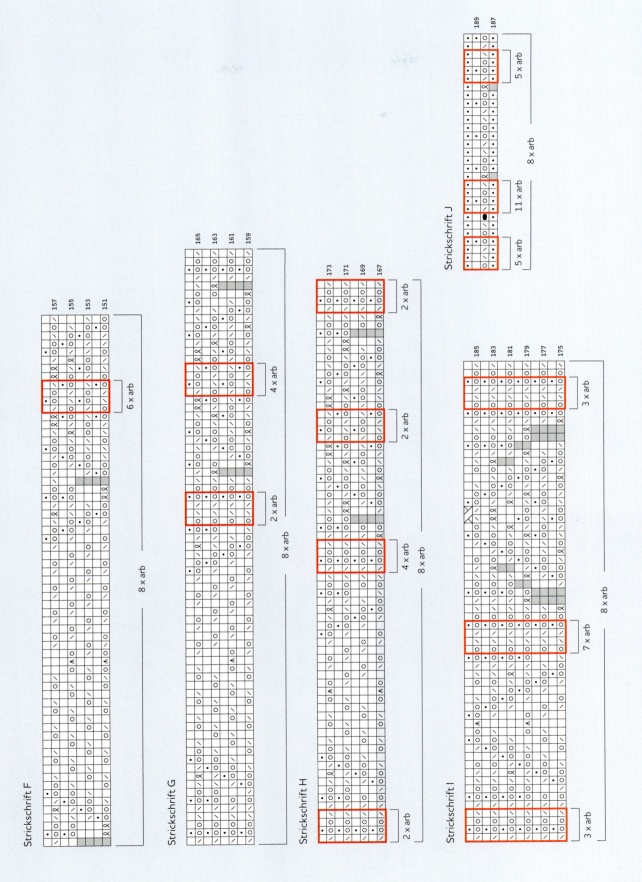

Kapitel 6

Der achte Gipfel: die Geometrie eines Dreiecks

Bei jedem Berg führen mehrere Wege zum Gipfel. Manche davon sind länger, manche einfacher, andere außerordentlich anspruchsvoll. Doch nahezu jeder Aufstieg kann von verschiedenen Ausgangspunkten in Angriff genommen werden. Und so ähnlich betrachte ich auch Tücher in Dreiecksform.

© iStockphoto.com/DOUGBERRY

In meinem ersten Buch „New Vintage Lace" (Interweave, 2014) habe ich das letzte Kapitel der Geometrie des Kreises gewidmet. Dort haben wir verschiedene Zunahmeintervalle für Kreise betrachtet, die in unterschiedlich viele Segmente aufgeteilt sind. Kreise sind immer rund und umfassen 360°. Dreiecke hingegen können ganz unterschiedlich geformt sein. Sehen wir zunächst die Grundvoraussetzungen an: Ein Dreieck hat immer drei Ecken und drei Winkel mit einer Winkelsumme von insgesamt 180°. Ein gleichseitiges Dreieck hat, wie der Name schon sagt, drei gleiche Seiten und folglich drei gleiche Winkel. Wenn wir 180 durch 3 teilen, kommen wir auf 60 – demnach haben wir es mit drei 60°-Winkeln zu tun. Definitionsgemäß handelt es sich außerdem um ein spitzwinkliges Dreieck. Jedes Dreieck kann also zu mehreren Typen gehören. Der folgenden Tabelle können Sie entnehmen, welche Projekte aus diesem Buch zu welcher Kategorie gehören:

Dreieckstyp	Projekte in dieser Kategorie
gleichseitig (3 gleiche Seiten, 3 gleiche Winkel)	Pacific Crest
rechtwinklig (1 Winkel von 90°)	Persischer Sonnenaufgang, Franconia Traverse
stumpfwinklig (1 Winkel von mehr als 90°)	Charlotte Pass
gleichschenklig (2 gleiche Seiten, 2 gleiche Winkel)	Persischer Sonnenaufgang
ungleichseitig (keine gleichen Seiten oder Winkel)	Franconia Traverse
spitzwinklig (alle 3 Winkel unter 90°)	Pacific Crest

So unterschiedlich die Dreieckstypen sind, so vielfältig sind auch die Methoden, ein dreieckiges Tuch zu gestalten. Man kann an der unteren Spitze beginnen und gleichmäßig nach oben und außen weiterarbeiten, wobei je nach der Zahl der Zunahmen ein stumpfwinkliges oder gleichseitiges Dreieck entsteht. Für ein rechtwinkliges Dreieck nimmt man einfach beidseitig in jeder zweiten Reihe eine Masche zu. Für ein stumpfwinkliges Dreieck nimmt man in jeder Reihe beidseitig eine Masche zu.

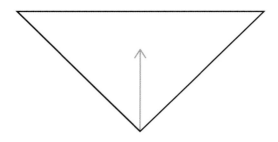

Gleichschenkliges Dreieck,
von der Spitze aus aufwärts gearbeitet

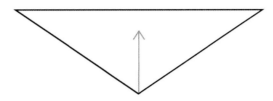

Stumpfwinkliges Dreieck,
von der Spitze aus aufwärts gearbeitet

Man kann an der unteren Spitze beginnen und nur an einer Kante Maschen zunehmen, sodass sich das Tuch von einem 90°-Winkel aus entwickelt.

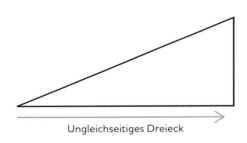

Ungleichseitiges Dreieck

Man kann an einer Seite (Ecke) beginnen und bis zur Mitte nur an einer Kante Maschen zunehmen, dann entlang derselben Kante bis zur gegenüberliegenden Ecke wieder Maschen abnehmen.

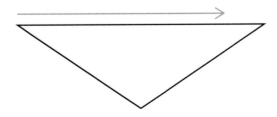

Stumpfwinkliges Dreieck,
von einer seitlichen Ecke aus gearbeitet

Man kann in der oberen Mitte mit einem provisorischen Anschlag beginnen und von dort aus nach außen und unten weiterstricken, sodass ein gleichschenkliges Dreieck entsteht (Persischer Sonnenaufgang).

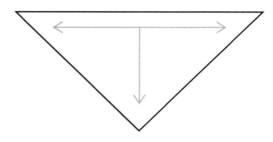

Gleichschenkliges Dreieck,
vom Hals aus nach unten und außen gearbeitet

Man kann in der Mitte mit einem Nadelspiel beginnen und von dort aus nach außen weiterarbeiten, sodass ein gleichseitiges Dreieck entsteht (Pacific Crest).

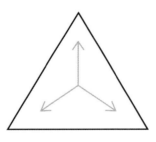

Gleichseitiges Dreieck,
von der Mitte nach aussen gearbeitet

Es gibt unzählige Möglichkeiten. Die beiden folgenden Projekte sollen Ihnen Appetit auf eigene Experimente machen.

Ein ungleichseitiges Dreieck
Tuch Franconia Traverse

Die Franconia Traverse ist ein ca. 15 km langer Teil des Appalachian Trails, der durch die White Mountains in New Hampshire führt. Auf diesem Weg können Sie Vertreter der alpinen Flora entdecken, wenn Sie aufmerksam hinsehen.

Ein ungleichseitiges Dreieck ist dadurch gekennzeichnet, dass alle drei Seiten und alle drei Winkel unterschiedlich sind. Ein rechtwinkliges 30°-60°-90°-Dreieck ist ein extremes Beispiel dafür. Die längste Seite (Hypotenuse) liegt dem 90°-Winkel gegenüber und ist zweimal so lang wie die kürzeste Seite. Diese kürzeste Seite liegt auf der Stricknadel, wenn wir das Tuch vom ersten Winkel aus arbeiten und in jeder zweiten Reihe nur an einer Seite zunehmen. Getragen wird das asymmetrische Tuch mit der Hypotenuse als Oberkante. Sie können weiter Maschen zunehmen und den Höhenrapport beliebig oft wiederholen, bis Garn und/oder Perlen ausgehen.

Größe
Breite: 132 cm (Hypotenuse)
Höhe: 54,5 cm (an der höchsten Stelle)

Garn
The Fibre Company Road to China Lace (65 % Baby-Alpaka, 15 % Seide, 10 % Kamelhaar, 10 % Kaschmir; LL 600 m/100 g) in Blue Diamond, 100 g

Perlen
20 g japanische Miyuki-Rocailles, Größe 8/0, transparent glitzernd mit Farbeinzug in Zinn

Nadeln und Hilfsmittel
- Rundstricknadel 2,5–3 mm, 60 cm lang
  Verwenden Sie gegebenenfalls etwas dickere oder dünnere Nadeln, um die richtige Maschenprobe zu erzielen.
- Häkelnadel 0,6 mm (oder andere Stärke passend zu den Perlen)
- Maschenmarkierer (optional)
- Wollnadel
- T-Stecknadeln, rostfrei
- Spannunterlage
- 3 flexible Spanndrähte, 155 cm lang

Maschenprobe
24 M glatt re = 10 cm breit (nach dem Spannen und Abnehmen)

Hinweise
Perlen einstricken: Siehe Techniken, Seite 14. Die Randmaschen nicht abheben! Dieses Modell soll frei gespannt werden, und abgehobene Randmaschen ergeben eine weniger elastische Kante.
Ein Strang des angegebenen Garns reicht auch für ein größeres Tuch. Denken Sie aber daran, dass Sie mehr Perlen brauchen, wenn Sie Ihr Tuch größer arbeiten wollen.

Anleitung

3 M im Kreuzanschlag anschl (siehe Techniken, Seite 17).
1. Reihe (Hinr): Nach der Strickschrift str, dabei am rechten Rand beginnen: 3 M re str.
2. Reihe (Rückr): Nach der Strickschrift str, dabei am linken Rand beginnen: 3 M re str.
Die 3.–42. R nach der Strickschrift arb (= 22 M).
Nächste Reihe (Hinr): Die 23. R der Strickschrift arb, dabei am rechten Rand mit den 3 M vor dem markierten Rapport beginnen, den Rapport von 9 M bis zur letzten M fortlfd wdh, mit den 2 M nach dem Rapport am linken Rand enden (= 1 M zugenommen).
Nächste Reihe: Die 24. R der Strickschrift arb, dabei am linken Rand mit den 2 M vor dem markierten Rapport beginnen, den Rapport von 9 M bis zu den letzten 3 M fortlfd wdh und am rechten Rand mit den 3 M nach dem Rapport enden.
Die 25.–42. M der Strickschrift arb, dann die 23.-42. R noch 13 x wdh und dabei jedes Mal 1 Rapport mehr arb (= 148 M).
Die 43.–46. R der Strickschrift arb.
Alle M gleichmäßig, aber locker abk wie folgt: 2 M re, die soeben gestrickten 2 M zurück auf die linke Nd heben, 2 M re verschr zusstr, * 1 M re, die soeben gestrickten 2 M zurück auf die linke Nd heben, 2 M re verschr zusstr; ab * fortlfd wdh bis R-Ende.
Den Faden bis auf ein 25 cm langes Ende abschneiden; das Fadenende durch die verbleibende M ziehen.

Fertigstellung

Die Fadenenden vernähen, aber noch nicht abschneiden. Die Strickarbeit ca. 30 Minuten in kaltem Wasser einweichen, ausdrücken und in ein Handtuch einrollen, um möglichst viel Wasser zu entfernen.
Je einen Spanndraht durch die vertikalen M-Glieder der Krausrippen entlang der Kanten führen. Das Tuch so auf die beim Schnitt (Seite 129) angegebenen Maße spannen, dass die längste Kante (= Hypotenuse) eine leicht konkav gerundete Form bekommt. Das Tuch vollständig trocknen lassen. Nach dem Entfernen der Stecknadeln entspannt es sich und zieht sich auf die unter „Größe" angegebenen Maße zusammen. Die Fadenenden abschneiden.

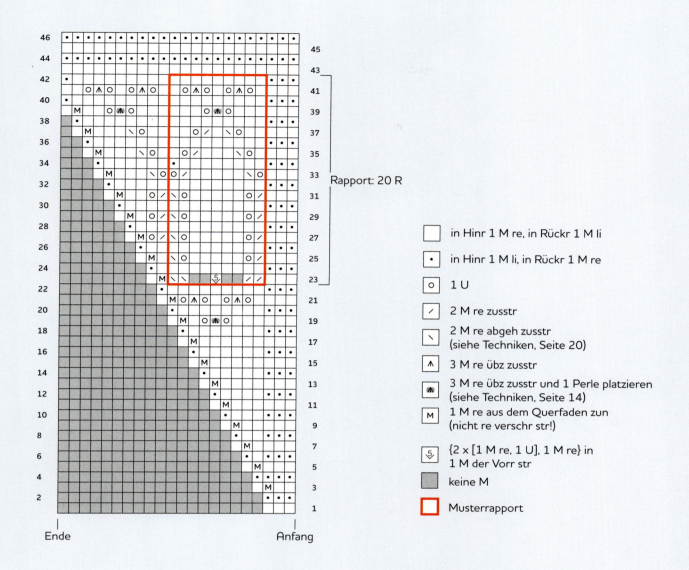

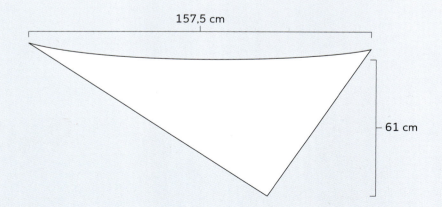

Ein gleichseitiges Dreieck
Tuch Pacific Crest

Der Pacific Crest Trail ist 4284 km lang und führt von der kanadischen Grenze über einige der höchsten Gipfel des Kaskadengebirges und des Sierra-Nevada-Gebirges bis hinunter nach Kalifornien. Er gehört zum Great Western Loop, der mit einer Länge von 11062 km zu den klassischen Fernwanderwegen in den USA zählt.

Ein gleichseitiges Dreieck zeichnet sich dadurch aus, dass es drei gleiche Seiten und drei gleiche Winkel besitzt. Dieses Dreieck zu arbeiten ist besonders spannend und immer wieder überraschend, denn die drei Zunahmelinien erinnern an das Spiel mit einem Kaleidoskop. Den Blättern und Ranken beim Wachsen zuzusehen macht einfach Spaß.

Dieses Projekt wird in der Mitte mit dem Nadelspiel begonnen und in Runden nach außen gearbeitet. Wie beschrieben, werden die Strickschriften B–D insgesamt zweimal gearbeitet, aber Sie können das Tuch vergrößern, indem Sie sie noch einmal wiederholen, sofern Sie genügend Garn und Perlen haben. Dies ist eine weitere Variante des Strickmusters, das ich für das Dreiecktuch Elbrus entworfen habe. Viel Spaß damit!

Größe
71 cm von der Mitte bis zu einer Dreiecksspitze
Seitenlänge: 125,5 cm

Garn
Miss Babs Yet (65 % Merinowolle, 35 % Tussahseide; LL 366 m/65 g) in Coos Bay, 195 g (= 3 Stränge)

Perlen
20 g japanische Miyuki-Rocailles, Größe 8/0, in dunklem Pfauenblau AB mit Silbereinzug
63 tschechische Rocailles, Größe 6/0, transparent mit blaugrünem Metallic-Farbeinzug

Nadeln und Hilfsmittel
- Nadelspiel 3,5 mm
- Rundstricknadeln 3,5 mm, 60 cm, 80 cm und 100 cm lang

Verwenden Sie gegebenenfalls etwas dickere oder dünnere Nadeln, um die richtige Maschenprobe zu erzielen.
- Häkelnadel 0,6 mm (oder andere Stärke passend zu den Perlen)
- Maschenmarkierer
- Wollnadel
- T-Stecknadeln, rostfrei
- Spannunterlage

Maschenprobe
20 M und 34 Rd glatt re = 10 cm x 10 cm (nach dem Spannen und Abnehmen)

Hinweise
Perlen einstricken: Siehe Techniken, Seite 14. Beim Str mit dem Ndspiel den Rd-Beginn mit dem Anfangsfaden markieren. Sie können aber auch einen verschließbaren MM verwenden.

Besondere Techniken
Noppe: 5 M einzeln nacheinander wie zum Rechtsstr abh, dann in der neuen Ausrichtung zurück auf die linke Nd heben, die rechte Nd von rechts nach links in die 5 M einstechen, 2 x [5 M re verschr zusstr, 1 U], 5 M re verschr zusstr.

Anleitung

Mit dem Ndspiel im Kreuzanschlag 6 M anschl (siehe Techniken, Seite 17) und gleichmäßig auf 3 Nd verteilen. Den Rd-Beginn mit dem Anfangsfaden oder einem verschließbaren MM kennzeichnen und die Arbiet zur Rd schließen, ohne die M zu verdrehen.
Nächste Runde: Alle M re verschr str.
Nächste Runde: Die 1. Rd der Strickschrift A arb bis Rd-Ende (= 9 M).
Die 2.–31. Rd der Strickschrift A arb, wie eingeteilt (= 126 M). Wenn die M-Zahl für das Ndspiel zu groß wird, zur kürzesten Rundstricknd wechseln. Später nach und nach zu den längeren Rundstricknd übergehen, wenn das Tuch weiterwächst.
Die 32.–51. Rd nach Strickschrift B arb (= 82 M zugenommen).
Die 52.–71. Rd nach Strickschrift C arb (= 78 M zugenommen).
Die 72.–91. Rd nach Strickschrift D arb (= 78 M zugenommen).
Die Strickschriften B, C und D noch 1 x arb (= 606 M).
Die 92.–103. R nach Strickschrift E arb (= 900 M).
Die 104. und 105. Rd nach Strickschrift F arb (= 1164 M). Alle M gleichmäßig, aber locker abk wie folgt: 2 M re, die soeben gestrickten 2 M zurück auf die linke Nd heben, 2 M re verschr zusstr; * 1 M re, die soeben gestrickten 2 M zurück auf die linke Nd heben, 2 M re verschr zusstr; ab * fortlfd wdh bis R-Ende.
Den Faden bis auf ein 25 cm langes Ende abschneiden; das Fadenende durch die verbleibende M ziehen.

Fertigstellung

Die Fadenenden vernähen, aber noch nicht abschneiden. Die Strickarbeit ca. 30 Minuten in kaltem Wasser einweichen, ausdrücken und in ein Handtuch einrollen, um möglichst viel Wasser zu entfernen.
Das Tuch nach den beim Schnitt (Seite 134) angegebenen Maßen spannen, dabei jede „Zacke" an den größeren Perlen separat aufstecken, sodass sich die Bogenkante ergibt. Das Tuch vollständig trocknen lassen. Nach dem Entfernen der Stecknadeln entspannt es sich und zieht sich auf die unter „Größe" angegebenen Maße zusammen. Die Fadenenden abschneiden.

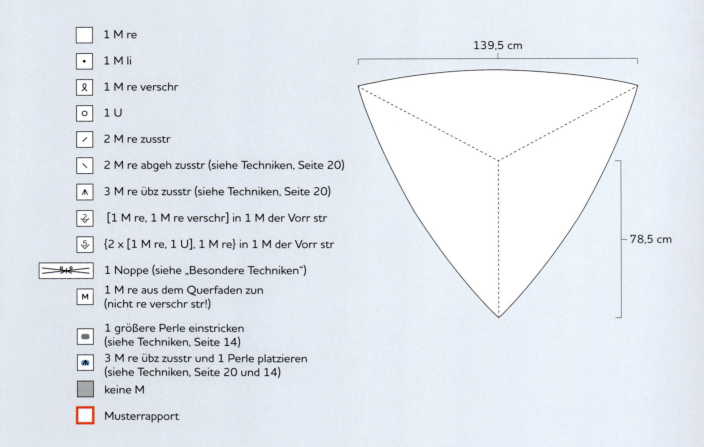

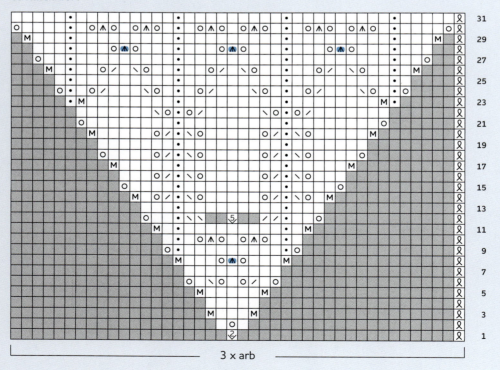

Strickschrift B

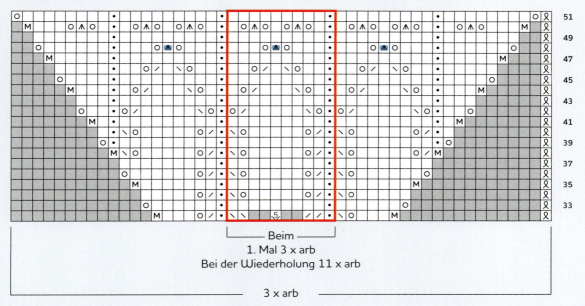

Strickschrift C

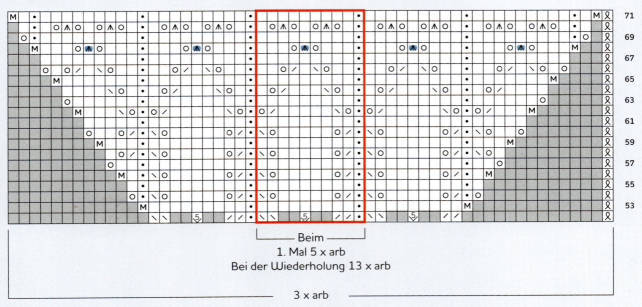

Strickschrift D

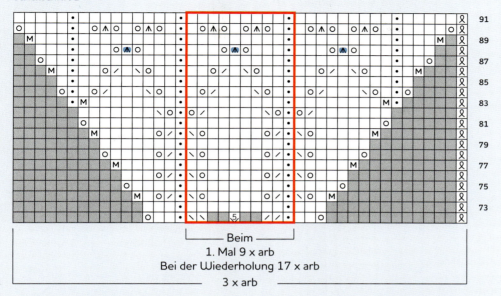

Strickschrift E

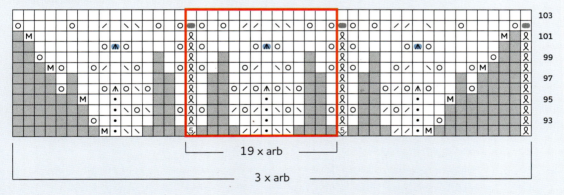

Strickschrift F

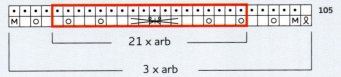

Hersteller und Bezugsquellen

Garne

Die Originalgarne für die in diesem Buch abgebildeten Modelle stammen von folgenden Herstellern:

Alchemy Yarns of Transformation
alchemyyarns.com

Cascade Yarns
cascadeyarns.com

Crystal Palace Yarns
straw.com

The Fibre Company
thefibreco.com

Freia
freiafibers.com

Jade Sapphire
jadesapphire.com

Madelinetosh
madelinetosh.com

Malabrigo Yarn
malabrigoyarn.com

Miss Babs
missbabs.com

Quince & Co.
quinceandco.com

SweetGeorgia
sweetgeorgiayarns.com

Tess' Designer Yarns
tessyarns.com

A Verb for Keeping Warm
averbforkeepingwarm.com

Auf den Webseiten der Hersteller finden Sie Informationen über Vertriebspartner in den deutschsprachigen Ländern. Viele Hersteller versenden ihre Garne weltweit. Die Projekte lassen sich aber auch mit Garnen anderer Hersteller umsetzen. Wählen Sie Garne, die in Materialzusammensetzung und Lauflänge den Originalgarnen möglichst nahekommen. Gerade Tücher, bei denen es nicht auf eine bestimmte Größe oder Passform ankommt, sind ein ideales Feld für Experimente mit Garnen und Farben.

Perlen

Die verwendeten Perlen stammen von folgenden Firmen:

Artbeads
artbeads.com

Caravan Beads
caravanbeads.net

Fusion Beads
fusionbeads.com

Ein breites Spektrum an Rocailleperlen finden Sie auch im stationären Hobbyfachhandel und im Internet.

Nadeln und Zubehör

Addi
Gustav Selter GmbH & Co. KG
www.addi.de
Stricknadeln von Addi erhalten Sie im Fachhandel vor Ort oder über das Internet.

HiyaHiya
www.hiyahiya-europe.com
Auf der Website finden Sie unter „Stockists" Händler in Deutschland, Österreich und der Schweiz.

Lacis
www.lacis.com
Das Unternehmen versendet Handarbeitsgeräte und -materialien weltweit.

Oberflächenbehandlung bei Rocailleperlen		
Bezeichnung	Beschreibung	Effekt
Farbeinzug	Perle innen farbig ausgekleidet	innere Farbe schimmert
Metalleinzug	Perle innen metallisch verspiegelt, meist in Silber	reizvolles Glitzern
AB (Aurora Borealis)	irisierende Oberfläche; auch mit Farbeinzug	Regenbogenreflexe über einer Grundfarbe
Irisierend	entspricht AB in bestimmten Farbtönen	Regenbogenreflexe über einer Grundfarbe
Regenbogen	wie AB	Regenbogenreflexe über einer Grundfarbe
Lüster	milchiger, perlmuttartiger Glanz	besonderer Schimmer
Goldlüster	glänzende Oberfläche mit metallischem Schimmer	warmer, metallischer Schimmer
Ceylon	opake, einfarbige Oberflächenbehandlung	schimmert mehr als einfache opake Perlen
opak	einfarbig, nicht transparent	einfarbig
transparent	durchscheinend	lässt die Garnfarbe effektvoll durchschimmern
matt	nicht glänzende Oberfläche	tritt in den Hintergrund
matt mit Einzug	matte, transparente Perle mit Metalleinzug	schimmert dezent
permanent galvanisiert	metallisch beschichtet	glitzert
Opal	teilweise durchscheinend, meist mit Metalleinzug	warmer Schimmer
Alabaster	ähnlich wie Opal, oft mit Einzug	warmer Schimmer

Titel der Originalausgabe
New Heights in Lace Knitting
Zuerst veröffentlicht 2016 von Interweave Books, einem Imprint von F+W Media, 10151 Carver Road, Suite 200, Blue Ash, Ohio 45242, USA.

Copyright © Andrea Jurgrau, 2016

Deutsche Erstausgabe

Copyright der deutschen Übersetzung: © 2016 Weltbild GmbH & Co. KG, Werner-von-Siemens-Str. 1, 86159 Augsburg

Übersetzung und Redaktion der deutschen Ausgabe:
Helene Weinold, Violau
Satz: Joe Möschl, München
Fotos: Donald Scott (wenn nicht anders angegeben)
Umschlaggestaltung: Atelier Seidel, Teising
Printed in China
ISBN 978-3-8289-8036-5

Alle Rechte vorbehalten. Alle gezeigten Modelle, Illustrationen und Fotos sind urheberrechtlich geschützt. Jede gewerbliche Nutzung ist untersagt. Kein Teil des Werkes darf in irgendeiner Form (durch Fotokopie, Mikrofilm oder ein ähnliches Verfahren) ohne die schriftliche Genehmigung des Verlages reproduziert oder unter Verwendung elektronischer Systeme verarbeitet, vervielfältigt oder verbreitet werden.

Einkaufen im Internet:
www.weltbild.de

Die Autorin am Mount Whitney; Foto: J.A. Voulgaris

Die Autorin

Andrea Jurgrau ist examinierte Krankenpflegerin und begeisterte Lacestrickerin. Dies ist ihr zweites Buch nach New Vintage Lace. Ihre Modelle sind bereits in vielen Strickmagazinen wie *KnitScene*, *Vogue Knitting*, *Spin-Off*, *Knit Red*, *One + One Scarves*, *Shawls & Shrugs*, *Enchanted Knits* und *The Unofficial Downton Abbey Knitting Collection* erschienen. Andrea Jurgrau lebt in New York.

In manchen Strickanleitungen – besonders aus dem Internet – kommen Maßeinheiten aus dem anglo-amerikanischen Raum vor. Die folgende Tabelle soll Ihnen beim Umrechnen in metrische Maße helfen:

Umrechnungstabelle		
Ausgangsmaßeinheit	Zielmaßeinheit	Multiplizieren mit
Inches	Zentimeter	2,54
Zentimeter	Inches	0,4
Feet	Zentimeter	30,5
Zentimeter	Feet	0,03
Yards	Meter	0,9
Meter	Yards	1,1

Dank der Autorin

Ich danke meinem Mann John und meiner Tochter Hallie für ihre ständige Geduld und Unterstützung sowie dafür, dass sie immer noch mehr Garn allüberall im Haus ertragen. Dank gilt Hallie auch dafür, dass sie mir so lange als schönes Model zur Verfügung stand, wie sehr sie sich auch bemüht hat, dieser Rolle zu entkommen. Ich danke meiner Probestricker-Clique dafür, dass sie immer an mich geglaubt hat. Jedes Stück in diesem Buch wurde mindestens dreimal probegestrickt. Dafür danke ich Cara Baustian, Dawn Gayer, Mary Rose, Sue Elkind, Amanda Wyngaard und Sheila Macomber. Danke an Margaret Carroll, die immer als meine Wirtschaftsberaterin bereitsteht. Sandra Burkett danke ich für ihre Unterstützung über viele Jahre hinweg und für ihre großartige Porträtfotografie. Ich danke Allison Korleski und Kerry Bogert dafür, dass sie mir wieder diese Möglichkeit zur Veröffentlichung gegeben haben, und Erica Smith samt dem ganzen Verlagsteam für ihre harte Arbeit, die dieses Buch erst möglich gemacht hat. Meiner Donnerstagabend-Strickgruppe danke ich für lang andauernde Faserfreundschaften. Jane und Ken von Jade Sapphire danke ich nicht nur dafür, dass sie mir Garn zur Verfügung gestellt haben, sondern auch für Ermutigung und Freundschaft. Für die großzügige Versorgung mit Garnen gilt mein Dank darüber hinaus den Firmen Crystal Palace, Malbrigo, SweetGeorgia, The Fibre Company, Freia, A Verb for Keeping Warm, Quince & Co. und Miss Babs. Zu guter Letzt gebührt mein Dank meiner Katzenmuse und Strickgefährtin Chai Latte: Bitte nicht auf meinem Garn kauen, Kumpel!
Alle in diesem Buch abgebildeten Modelle wurden von der Autorin gestrickt – mit Ausnahme der beiden Varianten des Tuchs Persischer Sonnenaufgang, die Dawn Gayer angefertigt hat. Vielen Dank dafür!

Widmung

Dieses Buch ist dem Andenken an meine Schwiegermutter Lucy Voulgaris gewidmet, die Wanderungen und Rucksacktouren geliebt und diese Liebe mit ihren Kindern geteilt hat. Mein Ehemann John wiederum hat diese Liebe mit mir geteilt.

Register

A
Abnahme 20
– doppelte mit aufliegender Mittelmasche 20

D
Drei-Nadel-Technik 14

E
Emily Ockers runder Maschenanschlag 15

F
Faden ansetzen 22
Fäden spleißen 23
Fadenansatz, russischer 22
Farbe 8
Faserkunde 8
Feste Masche 18
Flachnoppe 27

G
Garn 8
– handgefärbtes 14
Garnkonstruktion 9
Garnstärke 8

H
Häkeln 18
Häkelnadeln 11

I
I-Cord 14

K
Kettmasche 18
Knäuel ansetzen 22

L
Lauflänge 8
links verschränkte Masche 26
Luftmasche 18

M
Marianne Kinzels runder Maschenanschlag 16
Masche
– links verschränkte 26
– rechts verschränkte 26

Maschen abketten 14
– elastisch 15
– gruppenweise mit der Häkelnadel 15
Maschen abnehmen 20
Maschen anschlagen 15
Maschen aufnehmen 23
Maschen verdrehen 27
Maschen vervielfachen 22
Maschen zunehmen 21
– aus dem Querfaden 22
– durch Vervielfachen 22
Maschenanschlag 15
– durch Aufstricken 16
– Emily Ockers 15
– Kreuzanschlag 17
– Marianne Kinzels 16
– unsichtbarer provisorischer 16
Maschenmarkierer 24
Maschenprobe 30
Maschenstich 25
Materialzusammensetzung 8

P
Perlen 9, 30
– einstricken 14
– Oberflächenbehandlung 30
Perlenform 30
Perlengröße 30

R
Randmaschen 26
rechts verschränkte Masche 26
Rundenbeginn, versetzter 24
Russian join 22
russischer Fadenansatz 22

S
Spanndrähte 11
Spannen 18
Spit splicing 23
Spleißen 23
Stecknadeln 11
Stricken nach Strickschrift 18
– Grundregeln 19
Strickmaschen 26
Stricknadeln 11
Strickschnur 14
Strickschrift 18
Strickteile zusammennähen 25

T
Techniken 13ff

U
überwendlicher Stich 25
Umschlag, doppelter 21
– am Rundenbeginn 22

Z
Zunahme 21
Zusammennähen 25